책세상문고 · 고전의 세계

논리학 서론 · 철학백과 서론

WISSENSCHAFT DER LOGIK – EINLEITUNG

책세상문고 · 고전의 세계

논리학 서론 · 철학백과 서론

WISSENSCHAFT DER LOGIK – EINLEITUNG

G. W. F. 헤겔 지음

·

김소영 옮김

책세상

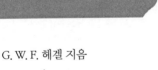

일러두기

1. 이 책은 헤겔Georg Wilhelm Friedrich Hegel의 《논리학*Wissenschaft der Logik*》(1812~1813)과 《철학적 학문의 백과전서 강요(이하 철학백과)*Enzyklopädie der philosophischen Wissenschaften im Grundrisse*》(1817)의 서론을 발췌하여 옮긴 것이다. 이 책을 번역하면서 《전집*Sätliche Werke, Kritische Ausgabe*》(Hamburg: Felix Meiner, 1911)을 기본으로 삼고, 《20권의 전집*G. W. F. Hegel: Werke in 20Bd.*》(Suhrkamp Verlag: Frankfurt a. M., 1986)과 라인베스트팔렌 학술원판 《헤겔 전집*G. W. F. Hegel Gesammelte Werke*》(Hamburg: Felix Meiner, 1985)을 참조했다.
2. 주는 저자주와 《전집》의 편집자주, 옮긴이주 세 가지로, 원서와 달리 후주로 처리했다.
3. 원서에서 강조된 단어는 굵은 서체로 처리했다.
4. 원문을 분명히 이해하는 데 도움을 주고자, 그러면서도 원문을 훼손하지 않도록 하기 위해서 옮긴이가 보충하거나 따로 설명한 부분은 〔 〕 안에 넣었다.
5. 주요 인명과 책명은 처음 한 회에 한하여 원어를 병기했다.
6. 단행본, 잡지는 《 》로, 논문, 단편, 일간지는 < >로 표시했다.
7. 맞춤법과 외래어 표기는 1989년 3월 1일부터 시행된 <한글 맞춤법 규정>과 《문교부 편수자료》에 따랐다. 단, 이미 굳어진 외래어에 한해서는 관례를 따랐다.

논리학 서론·철학백과 서론 | 차례

들어가는 말

수년 전 헤겔Georg Wilhelm Friedrich Hegel을 공부해보겠다고 처음 나섰을 때 주변에서 보냈던 의혹의 시선들이 새삼 떠오른다. 몇몇 후배들은 난해하기만 할 뿐 매력이라곤 전혀 없는 고리타분한 관념론 철학을 공부하는 것이 무슨 의미가 있느냐며 의아해했고, 선배들은 자신들도 미련 없이 던져버린 과거의 망령에 아직 젊은 애가 무엇 때문에 계속 매달리느냐는 동정 어린 눈길을 보냈다. 나는 아무런 대꾸도 못했다. 그래도 우리에게는 풀어야만 하는 매듭이 있으며 거기에서 앞으로 나아갈 때만 참된 현실적인 힘을 지니리라는 생각을 그들에게 온전히 전하기란 나로서는 버거운 일이었다. 당시는 어떻게든 기존의 것에서 벗어남으로써 시대 의식을 새로이 규정하고, 그것도 가장 감각적인 방식으로 표현하는 것이 모든 이론적, 실천적 작업의 최고의 미덕이었으니 말이다.

물론 지금도 상황은 크게 달라지지 않았다. 다만 새로운 방식으로든 전통적인 틀을 통해서든 '큰 이야기'는 우리 삶에서 더는 실효를 거둘 수 없다는 사실에 점점 더 많은 사람들이 동의하고 다양한 '작은 이야기'에 집중하는 경향이 더욱 확연해졌을 뿐이다. 그러나 나는 이제 조심스럽게 대답해 보려 한다. 아직은 얄팍한 수준에 머물고 있는 헤겔에 대한 이해와 어눌한 말투에도 불구하고 결코 궁색한 변명이나 당위를 고집하는 것으로 비치지 않기를 바라면서 말이다.

1970년대 후반에 시작되어 1980년대에 걸쳐 지속적으로 고조된 헤겔에 대한 관심은 알다시피 현실 변혁에 대한 당시의 이론적 관심 그리고 실제적인 경험과 나란히 진행되었다. 더 정확하게는 마르크스주의 또는 변증법적 유물론을 둘러싼 이론적 논쟁과 현실적 적용에 대한 반성의 한가운데서 헤겔 철학은 늘 함께 고려될 수밖에 없었다. 사실 이러한 경향은 비단 우리 나라에서뿐만 아니라 유럽이나 영미권의 여러 나라에서도 비슷하게 발견되는 현상이지만, 우리의 경우 그 출발에서부터 적지 않은 제약점들을 지니고 있었다.

우선 너무 짧은 기간에 급격하게 수용된 헤겔 사상은 원전에 대한 직접적인 검토나 철학사적 맥락에 대한 이해 없이 사회과학적인 연관 속에서 극히 제한된 시각에 입각한 2차 해설서 위주로 전해졌다는 사실이다. 이러한 양상이 낳은 가장 큰 폐해는 헤겔이 내세운 애초의 문제 의식과는 정반대로, 그에게서 체계와 방법을 서로 분리하려는 시도에서 나타난다. 다시 말해 헤겔의 사변적이고 폐쇄적인 체계는 버리고 오직 역동적이고 혁명적인 변증법만을 받아들일 때 그의 현실적인 의의를 살려낼 수 있다고 생각한 것이다. 나아가 이른바 속류 마르크스주의자들은 마르크스나 엥겔스가 헤겔의 관념성이나 체계성을 비판하면서 지니고 있었던 본래의 문제 의식까지도 변질, 왜곡하여 훨씬 더 경직되고 협소한 시각으로 헤겔을 철저히 난도질하여 어떻게든 단물만을 빼내고자 했다.

이러한 역설적인 상황은 동구의 여러 사회주의 국가들이 무너지기 시작한 1990년대에 들어서면서 한층 더 기괴한 모습으로 이어진다. 일부는 헤겔을 마르크스와 더불어 땅에 묻고는 뒤도 돌아보지 않고 신세계를 향해 떠나갔으며, 일부는 산산이 부서진 헤겔의 파편들을 붙들고 상아탑 속으로 숨어들어갔다. 물론 일부는 자신의 현실적인 한계를 인정함으로써 마르크스주의의 합리적인 핵심을 되살리려 시도해나가고 있지만, 전반적으로는 헤겔을 비판하는 쪽으로 모아지고 있다. 따라서 이제 헤겔적인 요소를 어떻게 탈각시킬 것이며 나아가 헤겔이 완성한 전통 형이상학의 역사를 어떻게 전복시킬 것인가의 문제는, 비단 마르크스주의 내부의 문제만이 아니라 현대 철학 대부분의 공통 과제이자 성립 토대이다. 여기에서 말하는 헤겔적인 요소란 흔히 다음과 같다.

헤겔 철학은 사유와 실재를 동일한 것으로 보는 사변적인 형이상학이다. 그의 변증법 역시 구체적이고 개별적인 것들을 추상화하여 보편적인 것을 실체로 삼고, 구체적인 것을 추상적인 보편자 아래에 포섭하려는 법칙에 불과하다. 이는 바로 세계의 다양한 현상들을 하나의 원리나 본질로 설명하려는 환원주의이며, 나아가 이성적인 주체가 절대 이념을 실현시키기 위해 운동하는 과정을 파악하려는 목적론적 역사주의로서, 필연적으로 논리적으로 완결된 닫힌 체계를 형성할 수밖에 없다는 것이다.

아도르노T. W. Adorno, 알튀세르L. Althusser, 꼴레띠Lucio Colletti에서 데리다Jacques Derrida, 들뢰즈Gilles Deleuze에 이르기까지 현대 철학은 실로 다양한 양상과 함의들을 지니고 있지만 헤겔에 대한 위와 같은 평가에서만큼은 많은 부분을 공유하고 있는 것이 사실이다. 각 철학자들이 헤겔을 어떻게 일면적으로만 불충분하게 이해하고 있으며 그것이 결국 그 이론들의 어떠한 결함으로까지 이어지고 있는가에 대한 논의는, 꼭 지면이 부족함을 탓하지 않더라도 지금의 나의 능력으로는 힘겨운 일임을 인정한다. 그러나 그들이 너무 성급하고 단순하게 정리해버린, 아니 그들의 본래 의도는 그렇지 않았다 하더라도 지금 우리의 상황에서는 그렇게 정리되어 이미 확고하게 자리잡은 헤겔에 대한 근본적인 오해에 대해서만큼은 답변해야 할 것 같다.

헤겔이 사유와 실재, 이성과 현실의 통일을 통해 본래 추구했던 바는 무엇이었는가, 그의 체계와 변증법의 근원적인 동기는 과연 무엇이었는가. 우선 기억해두어야 할 것은 헤겔은 결코 조화롭고 질서 있는 체계를 갈구한 철학자가 아니라는 사실이다. 그는 다양한 존재자를 항상 하나의 궁극적인 질서 속으로 몰아넣는 식의 특권을 어디에도 부여한 적이 없으며, 오히려 이러한 특권을 철폐하는 것이야말로 자신의 철학 전체를 관통하는 근본 동기라 여겼다. 그가 철학의 과제로 삼았던 현실적인 앎이란, 수많은 차이로 구성된 사태 자체에 내재한 관계성을 포착하고 세계의 구체적이고 다양한 국면들에 대한 앎을 통해 진리로서의 정신 자체에 대한 앎 또한 개념적으로 반성하는, 살아 있는 정신 자체의 운동을 의미한다. 이러한 사유의 운동 과정은 바로 현실의 운동을 체계라는 형태로 드러내게 되는데, 이것이야말로 헤겔이 말하는 변증법이다. 따라서 변증법은 추상적으로 미리 상정된 형식적인 틀도, 모든 것을 포괄하려는 도식도 아니다. 오직 개별적이고 구체적인 계기들 속에 내재해 있는 힘의 중심을 파악해가는 과정 그 자체이다.

따라서 헤겔이 말하는 '부정', '모순', '지양', '통일' 등과 같은 이른바 변증법의 운동 원리들을 한낱 현존재의 생동성을 압박하는 절대적이고 비타협적인 총체성의 무리한 요구를 만족시키기 위한 교묘한 장치들이라며 비난하는 것은 매우 부당하다. 대개 이렇게 비난하는 입장은, 인간이 처해 있는 어떤 혼란스러운 상황을 미화하고 모든 의미 부여나 지향을 순전히 인간 고유의 작업이라고만 주장하며, 전체 속에 개별자들을 복속시키는 체계 뒤로 비겁하게 숨는 대신에 인간의 모든 행위를 스스로 책임진다고 생각하며 무한한 자부심을 느끼는 데에서 기인한다. 그러나 오히려 헤겔이야말로 인간의 실존적인 상황은 절대적으로 방향지어진 것이 아니라, 스스로가 방향을 정해나가야 한다고 생각한다. 다만 그는 이 불안정한 상황을 어둠 속에 방치하거나 지나친 낙관주의에 빠져 수수방관해서는 안 된다고 말한다. 그는 거기에 내재해 있는 비판적인 척도에 따라 스스로를 부정하고 변화해가는 운동을 파악하고, 나아가 세계의 필연성과 자유로운 주체가 일으키는 대립과 모순을 단순히 폐지해버리는 대신 오히려 유지, 흡수함으로써 인간 자신이 만들어가는 방향성을 분명하게 드러내어 끊임없이 반성하는 것이야말로 철학의 임무라고 강조했다.

이제 우리는 한 철학자를 둘러싸고 오가는 무수한 이야기들에 머물 것이 아니라, 바로 그를 향해 다가가 그와 함께 사유함으로써 그를 넘어서 나가야 한다. 사실 헤겔은 이런 식의 '철학함'을 몸소 보여주었다. 그는 앞선 철학자들을 진지하게 검토하고 현실적인 문제들에 깊이 착안함으로써 형식적이고 경직된 사고, 전체적인 연관을 보지 못하고 부분적인 것들에 집착하는 태도, 오로지 실용성이라는 잣대 아래 경험적인 진리만을 추구하는 당시의 경향들(놀랍게도 지금과 거의 다르지 않다)이 결국 인간과 자연, 개인과 사회, 이념과 현실 등의 분열을 고착시키고 있음을 간파해냈다.

이렇게 출발한 헤겔이 자신의 문제 지평을 어떻게 형성해 갔는가는 그의 저서들에 고스란히 담겨 있다. 물론 우리가 어떤 한 사상을 이해하고자 할 때, 특히 헤겔 철학처럼 체계성을 추구한 철학의 경우 원전 전체의 충실한 통독이 정도임은 말할 필요도 없다. 그럼에도 결코 만만치 않은 작업이 주는 부담감으로 인해 철학을 전공하지 않은 많은 대중은(심지어 전공자들까지도) 그 사유의 중심에서 점점 멀어져 풍문에만 휩싸이게 되었다. 하지만 극히 일부분이라도 철학자가 걸어간 사유의 길을 직접 따라감으로써 그의 본래 의도를 읽어낸다면, 우리는 미처 예상치 못한 성과물을 얻을 수 있을 것이다. 가령 헤겔의 가장 성숙한 사상이 드러나는 《논리학 *Wissenschaft der Logik*》과 《철학적 학문의 백과전서 강요(이하 철학백과) *Enzyklopädie der philosophischen Wissenschaften im Grundrisse*》의 서론들은 그의 철학 사상 전반을 이해하는 데 유효한 실마리들을 제공한다는 점에서, '서론' 이상의 기능을 한다.

우리는 헤겔 이후의 정신사적 흐름에 많은 쟁점과 함의들을 던져준 만큼이나 오해의 여지 또한 적지 않게 지닌 '변증법', '체계', '사변' 등에 관해 비록 압축적이기는 해도 위의 서론들에서 본래적인 의미를 확인할 수 있다. 그러나 헤겔의 저작들, 특히 《논리학》은 드높은 악명이 잘 말해주듯 여간

난해한 것이 아니다. 이 저작은 단순히 독일어가 아닌 헤겔 자신만의 언어로 씌어진 것이라 할 만큼 지극히 추상적이고 압축적이며 신비롭기까지 한 표현들로 가득 차 있다. 이런 측면은 물론 헤겔의 서술상의 약점이 아닐 수 없겠지만 근본적으로는 주제 자체가 지닌 난점에서 기인한 것으로 보아야 한다. 서구 철학사의 전통 전체를 그 안에 담아내면서도 '근대'라는 자신의 현실을 최고의 이성적인 시각으로 파악해내고, 나아가 인류 공동체의 역사적 도정 자체라 할 정신을 통해 세계의 보편적 원리에 이르려는 노력은 단순히 경험적으로 보장된 사실들에만 의지해서도, 수학적인 논증 구조에 따라서만도 실현될 수 없는 것이다.

요컨대 헤겔은 가장 근대적이면서도 근대를 가장 올바르게 통찰했던 철학자로, 당시 서구 세계, 독일 민족 그리고 근대를 살아가는 시민 개개인들이 처한 온갖 분열과 대립 상황을 어떻게 극복할 것인가라는 문제를 한순간도 손에서 놓지 않았다. 따라서 헤겔 철학의 방법이자 내용인 변증법은 결코 추상적인 관념의 유희가 아니라 살아 숨쉬는 개념의 운동, 즉 정신의 구체적인 자기 실현 과정으로 이해되어야 한다.

이제 무엇이라 규정할 수 없을 정도로 혼란스러운 오늘날, 사실과 가치와 의미가 온통 뒤섞여 점점 더 엉켜가고 있는 미로 속에서 왜 헤겔을 다시 보아야 하는지를 말할 수 있을 듯하다. 물론 이미 여러 사상가들이 지적했듯이 그가 바로 근대를 마무리한 철학자인 동시에 현대의 다양한 사상적 흐름들의 분수령을 이루고 있기 때문이다. 오늘날 다양한 각도에서 제기되는 이론적, 실천적 난제들을 해결하기 위해 그 원천이자 열쇠인 근대성을 해명해야 한다면, 헤겔과의 직접적인 대면은 필수적이다. 그러나 이에 앞서 더 중요한 것은 헤겔이 추구했던 철학의 참모습, 아니 그것을 추구해나간 힘겨운 여정 그 자체라 할 수 있다. 우리는 대부분 냉철하게 현실을 인식하기 이전에, 문제 해결을 위해 이론적 탐구를 시도하기 이전에, 이상과 원칙을 고수하기 이전에, 하루하루의 구체적인 삶의 현장 한가운데 놓여 있다. 수많은 관계의 그물망 속에 밀고 당기고 부딪히며 살아가고 있다. 헤겔은 철학함이란 바로 이 속에서 이루어져야 한다는 것을 몸소 보여주었다. 물론 이 살아 있는 철학은 하나의 완성된 고정적인 형태일 수 없다. 오히려 그러한 철학을 찾아가는 물음은 세계가 계속 살아 움직이는 한, 우리의 삶의 과정 속에 진리가 깃들어 있는 한, 결코 종결될 수 없다. 그러므로 우리가 헤겔에게서 읽어내야 할 것은 어떤 확답이나 약속이 아니라, 그 물음의 영속적인 현실성인 것이다.

끝으로 이 책의 번역과 해제에 대해 덧붙이고 싶은 말이 있다. 번역하는 모든 이의 바람이자 의무이기도 하겠지만, 나 역시 어떻게 하면 저자의 본뜻과 표현의 독특함을 우리말로 충분히 살려낼 수 있을까 고심을 많이 했다. 변명 같지만 헤겔의 문체는 과연 독자를 배려하고 있는가 의심이 들 정도로 불친절한 만큼, 단순히 말을 옮기는 데 그쳐서는 안 됐다. 그렇다고 우리말의 자연스러움만 염두에 두고 자의적으로 말을 만들어서도 안 되겠기에 적절한 일치점을 찾는 데 주력했다. 그리고 주요 용어들의 경우 불가피한 경우를 제외하고는 다소 미흡한 점이 있다 해도 기존의 번역어를 따랐는데, 이는 독자들이 이전에나 이후에나 헤겔의 다른 저작과 해설서를 읽을 때 생길 수 있는 불필요한 혼란을 줄이기 위해서다. 여하튼 헤겔을 처음 접하는 독자나 다시 한번 헤겔을 제대로 보기를 원하는 독자들이 이 책을 통해 그의 철학이 지닌 깊은 향기를 느낄 수 있기를 간절히 바란다.

이 책의 해제는 어디까지나 텍스트의 깊이 있는 독해를 돕기 위해 마련한 것이다. 따라서 어떤 첨예한 논쟁거리를 제시하거나 특정 개념을 세밀하게 분석하기보다는 텍스트에 담긴 저자의 본래 의도를 좇아가면서도 가능한 한 입체적으로 해명하고자 했다. 그러므로 혹시 여기에서 헤겔의 사상 전체를 압축하는 결론적인 도식을 구하려 하거나 요즈음 논의되는 몇몇 쟁점들에 대한 명확한 해답을 기대하는 독자라면 다소 실망할 수도 있을 것이다. 그러나 대부분의 고전이 그렇듯이 헤겔의 사상을 접할 때 가장 우선적으로 필요한 것은 직접 헤겔에게로 뛰어들어 그를 따라가며 사유의 도정 자체를 읽어내는 것이다. 그럴 때에만 거기에서 '우리의 것'을 발견하는 일 또한 가능하리라고 생각한다. 단 헤겔 철학에 다소 생소한 독자라면 해제 중 헤겔에 대한 전반적인 소개 부분이나 용어 해설을 먼저 읽고 난 후 본문을 읽는 것이 유익할 것이다.

문득 떠올려보니 너무도 많은 이들에게 빚을 지며 살아가고 있다. 우선 지금도 앞으로도 나에게 늘 든든하고도 높은 벽이 되어주실 이창환 선생님께 감사드리며, 꼼꼼히 원고를 읽어주고 조언해주신 심철민 선배, 이성민 형, 유지은, 김행남에게도 고마움을 전한다. 공부뿐만 아니라 삶의 지혜를 일러주는 양효실 선배를 비롯한 연구실의 식구 모두에게서도 나는 늘 받기만 한 것 같다. 이 작업에 착수할 수 있도록 용기를 준 홍기빈 형과 이찬웅에게도 고마운 마음을 제대로 전한 적이 없다. 중요한 일을 믿고 맡겨준 책세상에는 또 어떻게 감사드려야 할지.

세상 누구보다도 지혜롭고 성실하신 아버지와 어머니, 부족함 많은 나를 늘 믿고 지켜주는 형제들 덕분에 이 작은 결실을 낳을 수 있었다. 그리고 언제나 나와 함께하는, 한정민 형에게는 그 어떤 말로도 고마움과 미안함을 다 표현할 수 없을 것이다. 그와 함께 여기까지 왔으며 앞으로도 함께 가고자 한다. 옳은 길로.

옮긴이 김소영

제1장

논리학 서론

논리학의 일반적 개념

선행하는 반성 없이 사태 자체Sache selbst[1]에서 출발해야 할 필요가 논리학보다 더 절실한 학문은 없다. 다른 학문들은 자신이 다루는 대상과 학문의 방법이 서로 구분되어 있다. 내용 또한 절대적인 시원을 이루는 것이 아니라 다른 개념들에 의존하며 주변의 다른 질료들에 결부되어 있다. 따라서 이러한 학문들에서는 토대와 관계, 방법에 대해 단지 전제하는 식으로만 말하는 것이 용인된다. 즉, 정의처럼 익히 잘 알고 있으며 이미 받아들여진 것으로 전제된 형식들을 거리낌 없이 적용하고, 그 학문의 일반적 개념과 근본 규정들을 확립하기 위해 일상적인 추론방법을 사용하는 식이다.

이에 반해 논리학은 이러한 반성 형식이나 사유 규칙과 법칙 중 그 어떤 것도 전제할 수 없다. 왜냐하면 그러한 형식들이 바로 논리학의 내용을 구성하며, 논리학 안에서야 비로소 정초될 수 있기 때문이다. 그러나 논리학의 내용에는 학적인 방법에 대한 진술뿐만 아니라 **학문**Wissenschaft[2] 일반의 **개념**에 대한 진술도 포함되어 있다. 더욱이 그 개념은 학문의 최종 결과이기도 하다. 따라서 학문은 자신이 무엇인가를 미리 전제할 수 없으며, 그것의 논구 전체를 통해서 비로소 학문

자체에 대한 앎이 최종적인 것이자 완성된 것으로 제시된다. 마찬가지로 학문의 대상 즉 **사유**Denken, 좀 더 정확하게 말하면 **개념을 파악하는**begreifende **사유**는 본질적으로 학문 내에서 논해진다. 사유의 개념은 학문이 진행되는 과정 속에서 산출되며 따라서 미리 이야기될 수 없다. 그러므로 이 서론에서 미리 설명하는 사항들은 논리학의 개념에 어느 정도 바탕을 마련하거나 논리학의 내용과 방법을 사전에 학적으로 정당화하기 위한 것이 아니라, 추론적이고 역사적인[3] 의미를 지닌 몇몇 설명과 반성들을 통해서 이 학문을 어떤 관점에서 바라보아야 하는가를 선명하게 드러내는 것을 목표로 한다.

논리학이 일반적으로 사유의 학문으로 받아들여질 때, 이로써 이해되는 것들은 다음과 같다. 사유는 인식의 한낱 형식을 구성할 뿐이라는 것, 논리학은 모든 내용을 추상해버리며 인식에 속해 있는 이른바 부차적인 **구성 요소**인 **질료**Materie는 다른 곳에서 주어져야 한다는 것, 따라서 이 질료와는 완전히 무관한 논리학은 단지 참된 인식의 형식적인 조건들만 진술할 뿐 실제적인 진리 자체는 담고 있지 않으며, 진리의 본질인 내용이 바깥에 놓여 있는 만큼 실제적인 진리에 이르는 **길**이 될 수도 없다는 것이다.

그러나 **첫째**, 논리학이 모든 **내용**을 추상한다고 말하는 것, 사유 대상에는 전혀 관여하지 않고 그 성질도 전혀 고려할 수 없는 상태에서 단지 사유의 규칙들만 가르친다고 말하는 것은 참으로 부당하다. 왜냐하면 사유와 사유 규칙들이 논리학의 대상이어야 하는 만큼, 논리학은 바로 거기에서 자신의 고유한 내용을 가지기 때문이다. 거기에서 또한 논리학은 앞서 말한 인식의 부차적인 구성 요소인 질료를 지니며 그 성질에 관심을 갖는다.

둘째, 대체로 논리학의 개념이 이제까지 의거해 있던 표상들은 더러는 이미 쇠퇴했으며 더러는 완전히 사라질 때가 되었다. 즉 이 학문의 관점이 더 고차적으로 파악되고 완전히 변화된 형태를 획득할 때가 된 것이다.

이제까지 논리학 개념은 일상적인 의식 속에 전제되어 있던 인식의 **내용**과 **형식**의 분리, 즉 진리Wahrheit와 **확실성**Gewißheit의 분리에 바탕을 두고 있었다. **첫째로** 전제된 것은 인식의 질료는 이미 다 마무리된 세계로서 사유의 바깥에 즉자대자적an und für sich으로 현존한다는 점, 사유는 그 자체로는 텅 비어 있으며 하나의 형식으로 질료에 외적으로 덧붙여지면서 함께 실현되고, 거기에서 비로소 내용을 얻고 이를 통해 실제적으로 인식된다는 점이다.

나아가〔둘째로〕 이 두 가지 구성 요소(이것들은 구성 요소들이라는 관계에 있다고 하며, 인식은 이 요소들로부터 기계적으로 또는 기껏해야 화학적으로 합성될 뿐이므로 이렇게 부를 수 있다)는 이러한 서열 속에 서로 대립하고 있다. 다시 말해 객체는 그 자체로 완성된 것, 사유 없이도 현실화되어 완전해진 이미 다 마무리된 것임에 반해, 사유는 뭔가 결함을 지닌 것, 즉 질료를 통해 비로소 완전해지고, 게다가 정해져 있지 않은 유연한 형식으로서 질료에 걸맞게 되어야 한다는 것이다. 진리는 사유와 대상의 일치인데, 이 일치는 즉자 대자적으로 현존하는 것이 아니므로 이러한 일치를 끌어내기 위해서는 당연히 사유가 대상에 자신을 맞추고 순응해야 한다는 것이다.

셋째로 질료와 형식, 대상과 사유의 구별이 저토록 애매하게 규정되지 않은 채로 방치되지 않고 좀 더 분명하게 파악된다면, 그들 각각은 서로 구별되는 영역이라 할 수 있다. 따라서 사유는 질료를 받아들이고 형성하는 가운데 자기 자신을 넘어서서 나아가지 않으며, 질료를 받아들이고 거기에 순응하는 것은 사유 자체의 한 변형에 지나지 않는다. 그리하여 사유는 자신과 다른 어떤 것이 되지 않는다. 더욱이 자기의식적으로 규정하는 일은 오직 사유에만 속한다. 따라서 사유는 대상과 관계할 때에도 자신에게서 벗어나 대상으로 나아가지 않는다. 즉 이 대상은 하나의 물자체Ding an sich[4]로 그저 사유의 저편에 남아 있는 것이다.

주체와 객체의 상호 관계에 대한 위와 같은 견해들은 일상적인, 즉 현상하는 의식의 본성을 이루는 규정들을 드러낸다. 그러나 이런 선입견들이 이성에까지 미쳐 마치 이성에서도 똑같은 관계가 발견되는 양, 이러한 관계에 즉자대자적으로 진리가 있는 양 생각한다면, 이는 잘못이다. 정신적, 자연적 세계의 모든 부분을 관통해 저러한 오류들에 반박하는 것이 바로 철학이다. 아니 오히려 이 오류들은 철학으로 진입하는 것을 가로막기에 그 앞에서 제거되어야 한다.

이와 관련해 예전의 형이상학은 사유에 대해 최근 통상적으로 행해지는 것보다 더 고차적인 개념을 가지고 있었다. 다시 말해 예전의 형이상학은 사유를 통해서 사물에 관하여 또 사물에 기대어von und an Dingen 인식된 것이야말로 오로지 사물에 의거한 참된 진리라는 사실에 바탕을 두고 있었다. 따라서 사물들은 그 직접성Unmittelbarkeit 속에서가 아니라, 사유 형식 속에서 비로소 사유된 것으로 고양되었다. 그래서 예전의 형이상학은, 사유와 사유 규정들은 대상에 대해 낯선 것이 아니라 오히려 대상의 본질이라고 생각하거나 **사물**과 그것에 대한 사유는 (우리의 언어〔독일어〕 또한 이것의 근친성을 표현하듯이) 즉자대자적으로 일치한다고, 즉 내재적으로 규정된 사유와 사물의 참된 본성은 전적으로 동일한 내용이라고 생각했다.

그러나 **반성하는 오성**reflektierende Verstand이 철학을 장악하게 되었다. 흔히 슬로건으로 수차례 사용되는 이 표현이 말하고자 하는 바를 정확히 알아야 한다. 대개 그 표현은, 추상화하고 그럼으로써 분리하며 이 분리를 고수하는 오성으로 이해된다. 이 오성은 이성Vernunft에게서 등을 돌려 **범속한 인**

간 오성으로 처신하며 다음과 같이 주장한다. 즉 진리는 감각적 실재성에 기초하고, 사상은 감각적 지각을 통해서 비로소 자신의 내용과 실재성을 부여받는다는 의미에서 **단지** 사상Gedanken[5]일 뿐이며, 이성은, 즉자대자적으로 머물러 있는 한에서 망상을 만들어낼 뿐이라는 견해가 그것이다. 이처럼 이성이 자기 자신을 포기함으로써 진리 개념은 상실된다. 진리는 오로지 현상만을, 사태 자체의 본성에 맞지 않는 어떤 것만을 인식하는 주관적인 진리로 제한된다. **앎**은 다시 **사념** Meinung으로 떨어지고 말았다.

인식이 행하는 이 방향 전환은 손실과 퇴보로 나타나지만 그럼에도 불구하고 여기에는 좀 더 심오한 근거가 있는데, 이로 인해 어쨌든 이성은 근대 철학의 더 높은 정신으로 고양될 수 있었다. 〔오성에 대한〕 이렇게 일반화된 표상의 근거는 이른바 오성 규정들이 자기 자신과 일으키는 **필연적인 충돌**을 통찰함으로써 구할 수 있다.

이미 거론된 반성은 구체적이고 직접적인 것을 **넘어**서는 것이자 이것을 **규정하고 분리하는** 것이다. 그러나 반성은 또한 **마찬가지로** 이렇게 **분리작업을 하는 자신의** 규정들을 **넘어서서** 그것들을 밀접하게 **관련시킨다**. 이 관련이라는 견지에서 규정들은 서로 충돌한다. 반성의 이러한 관련시킴은 본래 이성의 몫이다. 그 규정들을 넘어서서 그들 간의 충돌을 통찰하기까지에 이르는 이 같은 고양은 이성의 참된 개념으로 나아가는 소극적이나마 커다란 행보인 것이다. 그러나 제대로 통찰하지 못하면 마치 이성이 자신의 모순 속에 빠져 있는 양 오해하게 된다. 모순이야말로 오성의 제약을 넘어서는 이성의 고양이자 그 제약들의 해체임을 인식하지 못하는 것이다. 인식은 여기에서 그 고지를 향해 마지막 발걸음을 떼어놓는 대신 오성 규정의 불충분함에서 감각적 실존으로 되돌아와 확고부동한 것을 구했다는 착각에 빠진다. 그러나 다른 측면에서 보면 이러한 인식은 자신이 단지 현상하는 것에 대한 인식임을 알고 있기에 스스로 불충분함을 인정한다. 그러나 이와 동시에 가정하기를, 사물들이 물론 그 자체로는 아니라 해도 현상 영역 내에서는 올바르게 인식된다는 것이다. 말하자면 **대상들의 종류**만 다를 뿐이며, 한 종류인 사물들 자체는 그럴 수 없겠지만 또 다른 종류인 현상들은 인식될 수 있는 양 가정한다. 이는 마치 올바른 통찰을 어떤 한 사람의 몫으로 돌리고서는, 하지만 그는 참된 것이 아니라 참되지 않은 것만 통찰할 수 있을 뿐이라고 덧붙이는 것과 같다. 후자의 경우 도무지 말이 되지 않듯이, 대상 자체를 본래 존재하는 바대로 인식하지 못하는 참된 인식이란 것도 앞뒤가 맞지 않는다.

오성 형식들에 대한 비판은 앞서 말했듯이 이 형식들이 결코 **물자체에는 적용**될 수 없게 하는 결과를 낳았다. 이는 **오성 형식**이 그 자체로는 뭔가 참되지 않다는 의미일 뿐이다. 그러나 그 형식은 주관적 이성과 경험에 대해서는 타당한 것으로 인정되기에 그것에 대한 비판이 형식들 자체에는 아무런 변화도 일으키지 않으며, 그 형식들은 이전에 객체에 유효했던 것과 똑같은 모습으로 주체에도 통용된다. 그러나 오성 형식들이 물자체에 대해 불충분하다면, 그 형식들이 속해야 할 오성은 더더욱 그것들을 받아들이고 거기에 만족하려 해서는 안 된다. 그 형식이 **물자체**의 규정일 수 없다면, 최소한 물자체의 존엄을 지녀야 마땅할 오성 규정일 수는 더더욱 없는 것이다. 유한과 무한이라는 규정은 시·공간, 즉 세계에 적용되든 정신 속의 규정이든 똑같이 충돌한다. 이는 검은색과 흰색이 벽에 칠해지든 팔레트에 있든, 서로 섞여 하나가 되면 회색이 되는 것과 마찬가지다. 유한과 무한이라는 규정이 우리의 세계 표상에 옮겨져 **세계**의 표상이 해체된다고 하면, 양자 모두를 함유하고 있는 **정신**Geist 자체는 한층 더 자기 자신 속에서 모순적인 것, 스스로를 해체하는 것이라 할 수 있다. 그리고 어떤 차이를 결정할 수 있는 것은 이러한 규정들이 적용되는, 혹은 그것들이 들어 있는 질료나 대상의 성질이 아니다. 왜냐하면 대상은 단지 그 규정들을 통해 그리고 그것들에 의거해서만 모순을 갖기 때문이다.

위와 같은 〔오성 형식에 대한〕 비판은 객관적인 사유 형식을 사물에서 멀리 떼어놓긴 했지만 자신이 발견한 모습 그대로 주체에 남겨두고 말았다. 더욱이 이러한 비판은 사유 형식을 그 고유의 내용에 따라서 즉자대자적으로 고찰한 것이 아니라, 주관적인 논리학으로부터 여과없이 받아들여 전제로 삼은 것이다. 그리하여 형식을 그 자체에서 연역하거나 주관적, 논리적 형식으로 추론해내는 것을 전혀 언급하지 않는데, 하물며 그 형식에 관한 변증법적 고찰에 대해 언급할 리 만무하다.

한층 더 논리적으로 일관된 초월적 관념론은 비판철학이 남겨놓은 **물자체**의 망령이, 즉 모든 내용과 절연한 이 추상적인 그림자가 사실 아무것도 아님을 인식했으며, 그것을 완전히 불식시키려는 목적을 갖고 있었다. 또한 이 철학은 이성이 자신의 규정을 자기 자신으로부터 제시하게끔 하는 데서 시작되었다. 그러나 그 주관적인 태도 때문에 이렇게 시작된 시도는 완성되지 못했다. 결국 이 주관적인 태도는 포기되었으며 더불어 그 시작과 순수 학문의 완성 또한 포기되고 말았다.

흔히 논리학이라고 알려진 것은 형이상학적인 의미와는 전혀 무관하게 다루어진다. 지금도 여전히 이런 상황이라면 논리학은 당연히 일상적인 의식에서 실재성이나 하나의 참된 사태로 간주되는 종류의 내용을 가질 수 없게 된다. 그러나 이런 이유로 논리학이 하나의 형식적인 학문 즉 내용으로 알찬 진리를 갖지 못한 학문이 되는 것은 아니다. 그렇지 않더라도 그런 논리학에서 빠져 있는 질료에서는, 진리의 영역을 구할 수 없다. 흔히 논리학은 질료를 결여한 탓에 불충분하다고 생각하지만, 사실 논리학의 형식에 내용이 없는 이유는 오히려 형식들을 고찰하고 다루는 방식에 있을 뿐이다. 이러한 형식들은 고정된 규정들로서 서로 떨어져 유기적인 통일로 한데 모아져 있지 않기 때문에 죽어 있는 형식들에 불과하며, 여기에는 그들의 살아 있는 구체적인 통일성, 즉 정신이 담겨 있지 않다. 그러나 이와 동시에 그런 형식들은 실질적인 내용, 즉 그 자체가 내용이라 할 수 있는 질료를 갖고 있지 않다. 논리학의 형식에서 빠져 있어 아쉬운 내용은 바로 이 추상적인 규정들의 확고한 토대이자 구체화이다. 그리고 이러한 실체적인 존재는 그 규정들의 바깥에서 찾는 것이 보통이다. 그러나 논리학에서의 이성은 그 자체로 실체적인 것이자 실재적인 것, 즉 추상적 규정을 모두 자신 속에 모으고 있으며 그것들의 실질적인 절대적·구체적 통일이다. 따라서 흔히 질료라고 불리는 것을 멀리서 찾을 필요가 없었다. 논리학에 내용이 없다고 한다면, 그 책임은 논리학의 대상이 아니라 오로지 그 대상이 파악되는 방식에 있다.

이러한 반성을 통해 우리는 논리학이 어떤 관점에서 고찰되어야 하는가에 대한 진술에 좀 더 가까이 다가가게 된다. 이 관점은 이제까지 논리학을 다루어온 방식과 어떻게 다른지, 앞으로도 계속 논리학이 따라야 할 유일하게 참된 관점이라 할 수 있는지를 점차 밝힐 것이다.

《**정신현상학***Phänomenologie des Geistes*》에서 나는 의식과 대상 사이의 최초의 직접적인 대립에서 절대적인 앎에 이르는 전진 운동 가운데 있는 의식을 서술했다. 이 도정은 **의식이 객체와 맺는** 온갖 형식의 **관계**를 거쳐 나아가며, 그 결과로 **학문의 개념**Begriff을 낳는다. 따라서 이 학문의 개념에는 (이것이 논리학 내에서도 출현한다는 사실을 접어둔다면) 이제 어떤 정당화도 필요없다. 그 개념은 바로 거기〔《정신현상학》〕에서 정당화되었기 때문이다. 또 이 학문의 개념은 의식을 통한 산출 외에 달리 정당화될 수 없는데, 이때 의식 자체의 형태들은 모두 진리로서의 학문 개념으로 용해된다. 학문의 개념을 추론적으로 정초하거나 해명하는 일은 기껏해야 그 개념을 표상하고 그에 대한 역사적인〔경험 사실적인〕 지식을 얻게 할 수 있을 뿐이다. 그러나 학문, 더 정확히 논리학의 정의는 오로지 앞서 말한 대로 그것의 출현이 필연적이라는 점에서만 **논증**된다. 다른 학문들이 절대적인 출발점으로 삼는 정의란, 사람들이 **인정하고 주지하는 대로** 학문의 대상과 목적으로 **표상하는** 것에 대해 규정에 따라 확실하게 표현할 수 있을 뿐이다. 바로 이런 식으로 학문의 대상과 목적을 표상한다는 것은 역사적인 확언일 뿐이다. 사람들은 그저 이러저러하게 이미 인정된 것을 증거로 대거나, 엄밀히는 이런저런 것이 인정된 것으로 받아들여지길 원한다고 다만 간청하는 투로 제시할 수 있을 뿐이다. 어떤 이는 여기에서 또 어떤 이는 저기에서 끊임없이 경우와 사례를 끌어온다. 이러한 사례에 준해 이러저러하게 표현된 말에서 그 이상의 것이나 다른 것도 이해될 수 있고, 따라서 그 말을 정의함으로써 더 상세하거나 일반적인 규정도 파악될 수 있으며 이에 따라 학문 또한 설립될 수 있다고 생각하기 때문이다. 나아가 여기에서의 관건은, 무엇이, 그리고 어떤 한계와 범위까지 도입되거나 배제되어야 하는가를 추론하는 일이다. 그러나 이 추론에서조차 극히 다양하고 서로 다른 종류의 견해들이 미결인 채 남아 있는데, 이에 대해서는 결국 자의적으로만 확고히 규정지을 수 있다. 학문을 그 정의에서 시작하는 이러한 취급 방식은 학문 **대상의 필연성**, 그리고 이와 함께 학문 자체의 필연성이 밝혀져야 할 필요에 대해서는 전혀 언급하지 않는다.

요컨대 순수 학문의 개념과 연역은 정신현상학이 바로 학문의 개념의 연역인 한에서 이 논문의 전제이다. 절대적 앎은 모든 의식 형태들의 진리이다. 왜냐하면 앞서 말한 의식의 진행과정이 보여주었듯이, **의식 자체의 확실성**과 **대상**의 분리는 오직 그 절대적 앎 속에서 완전히 해소되었고, 진리는 이 확실성과, 〔그리고〕 이 확실성은 진리와 동등한 것이 되었기 때문이다.

이리하여 순수 학문은 의식의 대립에서 해방됨을 전제한다. 순수 학문은 **사상이 또한 못지않게 사태 자체인 한에서 사상**을 지니고 있으며, **사태 그 자체가 또한 못지않게 순수 사상인 한에서**

사태 자체를 포함한다. **학문으로서의** 진리는 스스로를 전개하는 순수한 자기 의식이며, 자기라는 형태를 지닌다. 따라서 **즉자대자적으로 존재하는 것**das an und für sich Seiende은 **의식된 개념이지만** [사실은] **개념 그 자체가 즉자대자적으로 존재하는 것**이다.

결국 이 객관적인 사유가 순수 학문의 내용이다. 그러므로 순수 학문은 형식적인 것이 아니며 현실적이고 참된 인식을 위한 질료가 결여된 것도 아니다. 오히려 순수 학문의 내용은 오로지 절대적으로 참된 것, 또 여전히 질료라는 용어를 사용하길 원한다면 참된 질료인 것이다. 그러나 이 질료에 대해 형식은 결코 외적인 것이 아니다. 왜냐하면 이러한 질료는 오히려 순수 사상이며 그리하여 절대적 형식 자체이기 때문이다. 따라서 논리학은 순수 이성의 체계, 순수 사상의 왕국으로 이해되어야 한다. **이 왕국은 아무런 외피도 걸치지 않은 채 즉자대자적으로 존재하는 진리다.** 이 때문에 우리는, 논리학의 내용이 **자연과 유한한 정신을 창조하기에 앞서 자신의 영원한 본질 속에 있는 것으로서의 신의 서술**이라고 말할 수 있다.

아낙사고라스Anaxagoras는 최초로 사상에 대해 이야기한 사람으로 칭송된다. 그는 **누스**Nus,[6] 즉 **사상**이 세계의 원리이며 세계의 본질은 사상으로 규정될 수 있다고 말했다. 이로써 그는 우주에 대한 지적 조망의 기초를 세웠는데, 그 순수한 형태가 바로 **논리학**이다. 논리학에서 중요한 문제는 사유 바깥에서 독자적으로 기초를 이루고 있는 어떤 것에 **대한** 사유, 즉 진리의 한낱 **표징들**을 드러내야 할 형식들이 아니다. 오히려 사유의 필연적인 형식과 그 자신의 규정들이야말로 내용이자 최고의 진리 그 자체인 것이다.

이를 최소한 표상으로 받아들이려면 진리는 뭔가 손으로 잡을 수 있는 것이어야 한다는 생각은 접어두어야 한다. 진리가 손으로 잡을 수 있다는 생각은 가령 신적인 사유에 들어 있는 플라톤적인 이념에까지 퍼져 있다. 마치 그 이념은 실존하는 사물이지만 어떤 또 다른 세계나 영역 안에 있고, 현실 세계는 그 바깥에 있으면서 이념들과 구별되며, 이렇게 구별됨으로써 비로소 실제적인 실체성을 가지게 되는 양 말이다. 〔그러나 사실〕 플라톤Platon의 이념은 보편자, 좀 더 분명하게는 대상의 개념이다. 무엇이든지 오로지 그 개념 속에서만 현실성을 가진다. 만일 어떤 것이 자신의 개념에서 분리된다면 그것은 더 이상 현실적으로 존재하지 못하고 아무것도 아닌 것Nichtiges이 되고 만다. 손으로 잡을 수 있다는, 자신에게서 벗어나 감각적으로 존재한다는 측면은 이 아무것도 아닌 쪽에 속해 있는 것이다. 그러나 다른 측면에서 보면, 우리는 일상적인 논리학의 고유한 표상에 호소할 수도 있다. 〔일상적인 논리학의 경우〕 가령 정의에는 인식 주체에만 속해 있는 규정들이 아니라 대상의 가장 본질적이고 고유한 본성을 이루는 대상 규정들이 포함된다고 가정한다. 또는 주어진 규정들에서 또 다른 규정이 추론된다면, 이 추론된 규정은 대상에 대해 외적인 어떤 낯선 것이 아니라 오히려 스스로 대상에 귀속된다고, 존재는 사유에 일치한다고 가정한다. 요컨대 개념, 판단, 추론, 정의, 구분 등의 형식을 사용할 때 바탕이 되는 사실은, 이러한 형식들은 단순히 자기 의식적인 사유 형식이 아니라 대상에 관한 오성 형식이기도 하다는 것이다. 〔물론〕 **사유**라고 표현할 때 그 속에 담겨 있는 규정은 주로 의식에 부여되는 것이다. 그러나 **오성도 이성도 대상 세계 안에 있으며**, 또 정신과 자연에는 **보편적인 법칙**이 있어서 이에 따라 그것들의 삶과 변화들이 이루어진다고 이야기되는 한, 사유 규정 또한 마찬가지로 객관적인 가치와 실존을 지니고 있음이 인정된다.

비판철학이 이미 **형이상학**을 **논리학**으로 만든 것은 사실이지만, 위에서 언급했듯이 그 후의 관념론과 마찬가지로 객체에 대한 두려움으로 인해 논리적 규정에 본질적으로 주관적인 어떤 의미를 부여하고 말았다. 그리하여 논리적 규정들은 또한 자신이 기피했던 객체에 매여 있으며, 끝없는 걸림돌인 물자체는 저 규정들 너머에 저편의 것으로 남아 있다. 그러나 의식의 대립에서 해방됨——논리학은 이를 전제할 수 있어야 한다——은 사유 규정을 이 두려움에 차 있는 불완전한 관점 너머로 고양시키며, 이런 식의 구속이나 객체에 대한 고려없이 즉자대자적으로 논리적인 것, 순수 이성적인 것으로서 사유 규정을 고찰할 것을 요구한다.

이 밖에도 **칸트**Immaunel Kant는 논리학, 즉 일상적인 의미에서 논리학이라 불리는 규정과 명제들의 집합체가 다른 학문들보다 훨씬 더 일찍 완성될 수 있었다는 점에서 다행이라고 말한다. 그런데 **아리스토텔레스**Aristoteles 이후로 논리학은 전혀 퇴보하지 않았으나 전진하지도 못했다. 왜냐하면 논리학은 어떻게 보더라도 완결 및 완성되어 있는 것처럼 보이기 때문이다. 〔그러나〕 논리학이 아리스토텔레스 이후로 어떤 변화도 겪지 않았다면, 실제로 최근의 논리학 개설서들을 보면 종종 〔일정 부분을〕 누락시키는 식으로 변화하고 있다. 여기에서 얻을 수 있는 결론은 오히려 그만큼 더 전면적으로 바뀔 필요가 있다. 왜냐하면 정신은 3천 년간 지속되어온 활동을 통해 자신의 사유와 순수한 본질성에 대해 더 높은 의식을 지니게 되었음이 틀림없기 때문이다. 실천적, 종교적 세계의 정신과 온갖 종류의 실재적, 관념적 의식 속에 있는 학문의 정신이 고양되어 도달한 형태와 논리학, 즉 정신의 순수 본질에 대한 의식 형태를 비교해보면 너무나 커다란 차이가 드러난다. 그리하여 아무리 피상적으로 고찰한다 해도 후자의 의식이 전자의 정신에 전혀 맞지 않으며 어울리지 않는다는 사실은 당장에 주목을 끌 수밖에 없다.

사실상 사람들은 논리학이 변해야 할 필요성을 예전부터 느껴왔다. 교과서에서 볼 수 있듯이, 형식적으로나 내용적으로나 논리학은 무시당해왔다고 말해도 좋을 것이다. 〔그래도〕 논리학을 버리지 않고 끌고온 것은 앞서 말한 일상적인 내용과 공허한 형식에 종사하는 일이 가치와 유용성을 지님을 확신해서라기보다는, 여하튼 논리학이라는 것이 없으면 안 될 것 같은 느낌 때문이며 또 그것을 중시하는 전통에 지속적으로 익숙해져왔기 때문이다.

한동안 심리학, 교육학, 심지어 생리학적 자료를 통해 논리학을 확장시키려 했던 것은 사실 논리학을 망치는 일이었음이 그 후 일반적으로 인정되었다. 본래 심리학적, 교육학적, 생리학적 관찰, 법칙이나 규칙 중 상당 부분은 논리학에서든 다른 어디에서든 매우 무미하고 진부해 보인다. 가령 '책에서 읽거나 말로 들은 것은 곰곰이 생각하고 검토해보아야 한다', '잘 보이지 않을 때에는 안경을 써야 한다'와 같은 규칙들, 이른바 응용 논리학 교과서에서 사람들을 진리로 이끌려는 목적으로, 그것도 진지하게 항목별로 나누어서까지 제시한 규칙들은 누구에게나 쓸데없는 것으로 여겨질 수밖에 없다. 보통은 기껏해야 너무나 간단하고 죽어 있는 논리학의 내용을 어떻게든 늘려야 하는 곤란함에 처한 저술가나 교사에게 유용할 뿐이다.[7]

왜 이러한 내용에 정신이 결여되어 있는지는 이미 앞에서 제시했다. 그 내용의 규정들은 고정되어 확고부동한 것으로 여겨지고 서로 외적인 관계만 맺는다. 판단과 추론의 경우,

조작 과정은 주로 규정들의 양으로 소급되고 거기에 근거함으로써, 모든 것은 어떤 외적인 차이나 단순한 비교에 바탕을 두며 철저하게 분석적인 처리와 비개념적인 계산이 되고 만다. 특히 추론의 규칙과 법칙을 도출해내는 것은, 길이가 다른 막대기를 가지고 크기에 따라서 분류하고 묶는 것, 〔또는〕 다양한 토막 그림들을 모아 조화로운 한 편의 그림을 만들어내는 아이들 놀이보다 그다지 나을 것이 없다. 따라서 사람들이 이러한 사유를 계산과 대등하게 그리고 다시 계산을 이러한 사유와 대등하게 취급하는 것은 잘못이 아니다. 산술에서 숫자는 개념을 결여한 것으로 여겨지는데, 이것은 같은가 같지 않은가 외에는, 즉 완전히 외적인 관계 외에는 아무런 의미가 없으며, 그 자체에서나 그 관계에서나 하나의 사상이라 할 수 없는 것이다. 4분의 3과 3분의 2를 곱하면 2분의 1이 된다는 사실이 기계적으로 산술될 때, 이러한 연산은 〔삼단논법의〕 도식에서 어떤 방식의 추론이 가능할까를 타산해볼 때와 마찬가지로, 대략 있다면 있고 없다면 없는 사상을 담고 있다.

논리학의 이 죽은 해골이 정신을 통해 풍부한 내용Gehalt und Inhalt[8]으로 되살아나려면, 논리학의 **방법**은 그것이 오로지 순수 학문일 수 있도록 하는 방법이어야 한다. 논리학이 지금 처해 있는 상황에서는 학문적인 방법을 어렴풋이라도 알아챌 수 없다. 〔지금의〕 논리학은 대개 경험과학의 형식을 가지고 있다. 경험과학은 아무리 잘한다고 해도 자신이 의당 해야 할 바에 맞게 소재를 정의, 분류하는 고유의 방법을 발견했을 뿐이다. 순수 수학 역시 나름의 방법을 가지고 있지만 자신의 추상적인 대상들과 이것들을 그저 고찰하는 데 쓰이는 양적 규정에 적합한 것이다. 나는 **《정신현상학》** 서문에서 이러한 방법에 관하여, 요컨대 수학에서 발생할 수 있는 하위의 학문성에 관해 중요한 점을 말했다. 그러나 이 수학적인 방법은 논리학 자체 내에서 더 자세하게 고찰될 것이다. **스피노자**Benedict de Spinoza, **볼프**Christian Wolff 그리고 다른 철학자들은 수학적인 방법을 철학에까지 적용해, 개념을 결여한 수량의 피상적인 진행 과정을 개념의 진행과정으로 삼는 등 그릇된 길로 나아갔는데, 이는 어느 모로 보나 모순된다. 그때까지만 해도 철학은 자신의 방법을 발견하지 못한 상태였다. 철학은 수학의 체계적인 구조를 선망의 눈으로 바라보면서 앞에서 말한 대로 자신의 방법을 수학에서 빌려오거나 단지 주어진 소재, 경험 명제, 사상 등을 뒤섞어 놓은 것에 지나지 않는 학문의 방법에 의지하거나, 아니면 모든 방법을 거칠게 내동댕이침으로써 자구책을 강구했다. 그러나 무엇이 철학적 학문의 유일한 참된 방법일 수 있는지에 대한 해명은 논리학 자체를 논함으로써 얻을 수 있다.

왜냐하면 철학적 학문의 방법은 곧 내용의 내적인 자기 운동의 형식을 의식하는 것이기 때문이다. 나는 **《정신현상학》**

에서 좀 더 구체적인 대상, 즉 현상하는 의식을 통해 이러한 방법의 한 예를 제시했다.[9] 여기에는 각각 자신을 실현하면서 동시에 스스로를 해체하고 그 자신의 부정을 자신의 결과로 삼음으로써 어떤 더 높은 단계의 형태로 옮겨간 의식 형태들이 있다. **학문이 진보하기 위해 필요한** 그리고 이 진보를 전적으로 **단순하게**einfache 통찰하기 위해 본질적으로 노력해야 한다. 유일한 것은 다음과 같은 논리학의 명제를 인식하는 것이다. 즉 부정적인 것은 또한 못지않게 긍정적이라는 사실, 자기 모순적인 것은 아무것도 아닌 것, 다시 말해 추상적인 무Nichts로 해체되는 것이 아니라 본질적으로 자신의 **특수한**besonderen 내용을 부정하는 것으로 해체된다는 사실, 이러한 부정은 전면적인 부정이 아니라 스스로를 해체하는, **규정된 사태의 부정**이며 따라서 규정된 부정이라는 사실, 그리하여 본질적으로 결과에는 그것을 낳은 애초의 원인이 담겨 있다는 사실을 인식해야 한다. 이는 본래 동어반복이다. 만일 그렇지 않다면 그것은 결과가 아니라 직접적인 것일 테니 말이다.

결과를 가져 오는 것, 즉 부정은 **규정된** 부정이므로 어떤 **내용**을 가진다. 이 부정은 새로운 개념이지만 이전의 것보다 더 고차적이고 풍부한 개념이다. 왜냐하면 이것은 개념의 부정이나 대립자만큼 더 풍부해져서, 그 개념을 포함하면서도 그 이상의 것을 지니고 있으며, 개념과 그 대립자의 통일이기 때문이다——개념 일반의 체계는 바로 이러한 도정 가운데 형성되어야 하며——부단하고 순수한, 외부에서 아무것도 받아들이지 않는 진행 과정 속에서 완성되어야 한다.

어떻게 이 논리학의 체계에서 내가 따르고 있는, 아니 오히려 이 체계가 자신에 의거하여 따르고 있는 방법이 더 이상 세부적으로 다듬고 개선할 점이 없다고 생각할 수 있겠는가. 그러나 나는 동시에 그 방법이 유일한 참된 방법임을 알고 있다. 이는 그 방법이 자신의 대상과 내용에서 구분되어 있는 것이 아니라는 사실에서 이미 밝혀졌다. 왜냐하면 대상과 내용을 계속 운동하게 하는 것은 바로 그 내용 자체에 내재해 있는 것, 즉 **내용이 자기 자신에 즉해서 가지고 있는 변증법**이기 때문이다. 이러한 방법의 진행을 따라가지 않거나 그 단순한 리듬에 맞지 않는 서술이라면 결코 학문적인 것으로 간주될 수 없음은 분명하다. 왜냐하면 그것은 바로 사태 자체의 진행이기 때문이다.

이러한 방법을 따를 때 지적해야 할 사실은 책에 나와 있는 권, 장, 절의 분류와 표제들과 이에 결부되어 있는 설명은 미리 개관하기 위해 만들어진 것이며, 본래 **역사적인** 가치만을 지닌다는 점이다. 그 분류와 표제는 학문의 내용이나 본체에 속한다기보다는 외적인 반성에 의해 편성된 것이다. 즉 상론 전체를 이미 훑어보았기에, 그 계기들이 사태 자체를 통해 제시되기도 전에 미리 그 순서를 알고서 지정하는 외적인 반성이 작성한 것이다.

다른 학문에서도 마찬가지로 이러한 사전 규정과 분류는 그 자체로 볼 때 앞에서 말한 외적인 진술에 지나지 않는다. 그러나 철학적 학문 내에서도 이 사전 규정과 분류는 외적인 성격을 넘어서지 못한다. 가령 논리학에서조차 "논리학은 두 가지 주요 부분, 즉 원리론과 방법론으로 이루어진다"고 되어 있다. 그런 다음 이 원리론에 '사유의 법칙' 같은 **표제**가 거리낌없이 붙고는, '**제1장** 개념에 관하여', '**제1절** 개념의 명백함에 관하여' 등이 계속 이어진다——그 어떤 연역이나 정 당화 없이 형성된 이러한 규정들과 분류는 학문들의 체계적인 틀과 전체적인 관계를 구성한다. [물론] 이와 같은 논리학도 개념이나 진리는 원리로부터 연역되어야 한다고 말하는 것을 자신의 소명으로 여긴다. 그러나 이런 논리학이 방법이라고 부르는 것의 경우에는 **연역**이라 할 만한 것을 전혀 염두에 두고 있지 않다. 순서란 가령 같은 종류의 것을 한데 모으고, 복합적인 것에 앞서 좀 더 단순한 것을 먼저 내세우며 다른 외적인 사항들을 고려하는 데서 만들어진다. 그러나 내적이고 필연적인 관계에 있어서는 분류 규정들의 목록에 머무를 따름이며, 이행은 단지 '**제2장**' 또는 '**이제 우리**는 판단을 다룰 **차례**다' 등의 말을 통해서만 이루어진다.

또한 이러한 체계에서 나타나는 표제와 분류에는 그 자체로는 내용 게시 이외의 어떠한 의미도 있을 수 없다. 그러나 이 밖에도 연관의 **필연성**과 차이들의 **내재적인 생성**이 사태 자체를 논하는 가운데 드러나야 한다. 왜냐하면 사태 자체는 개념 특유의 계속되는 규정에 해당하기 때문이다.

개념이 스스로를 계속 이끌어 나아가도록 하는 것은 앞서 언급된 개념 자체에 내재된 **부정성**이다. 이것이야말로 참된 변증법적 계기를 구성한다. **변증법**은 논리학에서 별도의 한 부분으로 간주되어왔고, 그 목적과 입장은 상당히 오해되었다고 할 수 있으며, 그리하여 터무니없는 지위를 가지게 되었다——**플라톤의** 변증법 역시 심지어 《**파르메니데스***Parmenides*》에서조차——다른 곳에서야 말할 것도 없이 더욱 직접적이지만——한편으로는 단지 제한된 주장들을 그것들 스스로 해체되도록 만들어 반박하려는 의도를 가지고 있을 뿐이었으며, 다른 한편으로는 결국 아무것도 아닌 것을 결과로 낳고 말았다. 통상적으로 사람들은 변증법을 하나의 외적이고 부정적인 행위로, 즉 사태 자체에는 속해 있지 않으면서 확고하고 참된 것을 흔들어놓고 해체시키겠다는 주관의 집착 같은 한낱 허영심 속에 자신의 근거를 지니거나, 하다못해 변증법적으로 다루어진 대상이 부질없다는 것 외에는 어떤 결론에도 이르지 못하는 행위로 간주한다.

칸트는 통상적인 표상에 따를 때 변증법이 갖게 되는 자의에 의한 가상Schein von Willkür을 변증법에서 빼내고, **이성의 필연적인 행위**라고 제시함으로써 변증법의 위상을 한층 더 높였다——이런 점이 칸트의 공로 가운데 가장 위대한 것에 속한다. 변증법은 단지 요술을 부리고 환영을 만들어내는 기술로만 간주되면서 다음과 같은 것이 곧바로 전제되었다. 변증법은 기만적인 장난을 하고 있으며, 변증법의 모든 능력은 오직 속임수를 감추고 있기에 가능하다는 것, 즉 그 결과물들은 사취한 것일 뿐이며 하나의 주관적 가상이라는 것이다. 물론 칸트가 순수 이성의 이율배반에서 변증법에 관해 서술한 것들은 이 책이 진행되는 가운데 더 상세하게 드러나겠지만 좀 더 자세히 살펴보면 분명 그다지 칭찬받을 만한 것은 못 된다. 그러나 칸트가 기초로 삼았고 관철시켰던 보편 이념은 **가상의 객관성과 모순의 필연성**인데 이 모순은 사유 규정들의 **본성**에 속한다. 우선 이 규정들이 이성에 의해 **물자체**에 적용되는 한에서는 그러하다. 그러나 바로 사유 규정들이 이성 안에서, 또 그 자체에 즉해 있는 것〔물자체〕과 관련해서 있는 그대로야말로 그것들의 본성이다. **긍정적인 측면에서 보자**면 이러한 결과는 바로 사유 규정들의 내적인 **부정성**, 스스로 운동하는 영혼, 모든 자연적, 정신적 생명성 일반의 원리다. 그러나 단지 변증법의 추상적, 부정적 측면에만 머물러 있다면 그 결과는 이성은 무한자를 인식할 수 없다는 잘 알려진 사실에 지나지 않는다——〔그러나〕 이는 매우 기이한 결과인데, 왜냐하면 무한자는 이성적인 것이므로 이성이 이성적인 것을 인식할 수 없다고 말하는 셈이기 때문이다.

여기에서 이해된 이러한 변증법에, 그리고 이로써 통일 속에서 대립적인 것을 파악하거나 부정적인 것 속에서 긍정적인 것을 파악하는 데 바로 **사변적인 것**Spekulative이 놓여 있다. 이것은 가장 중요한 측면이지만, 아직 숙련이 안 된 자유롭지 못한 사유 능력에게는 가장 어려운 측면이다. 만일 사유 능력이 이제 막 감각적, 구체적 표상과 추론에서 스스로를 떼어내려던 참이라면 무엇보다도 먼저 추상적 사유에 익숙해져야 하며, 개념을 그 **규정성** 속에서 확정하고 이 개념으로부터 인식하는 법을 배워야 한다. 이를 위해 논리학을 서술한다면, 변증법에는 관여하지 않은 채 방법상으로는 앞서 말한 분류에 따라야 할 것이고 좀 더 자세한 내용과 관련해서는 개별적인 개념에 적합한 규정들을 견지해야 할 것이다.

이런 식의 논리학 서술은 외형상 통상적인 설명 방식과 비슷해질 테지만 내용상으로는 다르며, 사변적인 사유는 아니라 해도 추상적인 사유를 익히는 데에는 여전히 기여할 것인데, 이러한 목표는 심리학적, 인류학적으로 치장됨으로써 대중화된 논리학으로는 결코 실현될 수 없는 것이다. 위와 같은 논리학 서술은 정신에게 조직적이고 질서정연한 전체 상을 그려줄 것이다. 비록 전체 구조의 영혼, 즉 변증법 속에서 생동하는 방법은 거기에서도 나타날 수 없겠지만 말이다.

마지막으로 **교양**Bildung에 대해 그리고 **개인이 논리학과 맺는 관계**에 대해 더 언급하고 싶은 것은, 문법과 마찬가지로 이 학문은 두 가지 서로 다른 견해나 가치를 지니고 나타난다는 사실이다. 논리학과 학문 일반에 처음 접근하는 사람의 경우와 학문 일반에서 논리학으로 되돌아온 사람의 경우에 논리학은 각기 다른 의미를 지닌다. 〔가령〕 문법을 처음 배우기 시작하는 사람은 그것의 형식과 법칙들 속에서 무미건조한 추상, 우연적인 규칙, 요컨대 고립되어 있는 다수의 규정들을 발견하게 되는데, 이것들은 단지 자신의 직접적인 의미에 담겨 있는 것의 가치와 의의만을 나타낼 뿐이다. 여기에서 인식 작용을 통해 알게 되는 것은 우선은 그 규정들뿐이다. 반면 어떤 한 가지 언어에 능숙한 동시에 이에 견주어 다른 언어도 알고 있는 사람에게서라면 어떠한 민족의 언어 문법에 담긴 그들의 정신과 교양이 비로소 감지될 수 있을 것이다. 똑같은 규칙과 형식이라도 이제는 살아 있는 충만한 가치를 지닐 수 있게 되는 것이다. 이런 사람은 문법을 뚫고 나아가 정신 일반의 표현, 즉 논리학을 인식할 수 있다.

이렇듯 논리학에 처음 들어서는 사람은 우선은 추상들로 구성된 하나의 고립된 체계를 발견하게 된다. 이 체계는 그 자체로 제한되어 있으며 다른 지식이나 학문들로 퍼져나가지 못한다. 세계 표상이 지닌 풍부함이나 다른 학문들의 실제적인 것처럼 보이는 내용에 비한다면, 또 이 풍부함의 **본질**, 정신과 세계의 **내적 본성**, 즉 **진리**를 드러내겠다는 절대적 학문의 확약과 비교한다면, 오히려 논리학은 추상적인 형태를 지닌 채 자신의 순수 규정들의 무미건조하고 냉담한 단순성에 머물면서, 약속에 앞서 무엇이든 실행하는 모습을, 아무 내용 없이도 저와 같은 풍부함에 대립하는 모습을 보여줄 것이다. 논리학을 처음 접하게 되면 그 의미를 그것 자체로 제한하게 된다. 논리학의 내용은 홀로 고립된 채 사유 규정에 몰두해 작업하는 것으로만 간주되며, 이와 **나란히 있는** 다른 학문적 작업들은 그 자체로 고유한 소재이자 내용인만큼, 이에 대해 논리(학)적인 것은 아마도 형식적인 영향만 미친다.

더 정확히 말하면, 이런 식의 영향은 차라리 그냥 내버려 두어도 일어나는 것이며 물론 경우에 따라서는 학문적인 형태나 연구가 없어도 무방하다. 다른 학문들은 정규적인 방법, 즉 일련의 정의, 공리, 정리와 증명 등으로 이루어지는 방법을 던져버렸다. 이런 학문들 속에서 이른바 자연 논리학은 그 자체로 유효하며, 사유 자체를 지향하는 특수한 인식 없이도 견뎌나가고 있다. 그러나 이러한 학문들의 소재와 내용은 논리(학)적인 것에서 완전히 독립적으로 유지되며 또한 감각, 감정, 표상과 온갖 종류의 실제적 관심에 더 부합한다.

이럴진대 분명 논리학은 우선 우리가 알고 있고 통찰하는 어떤 것으로써 습득되지만, 아쉽게도 처음에는 그 폭과 깊이, 폭넓은 의미가 빠져 있다. 다른 학문들을 더 깊이 알게 된 후에야 비로소 논리(학)적인 것은 주관의 정신에게서 단지 추상적 보편자가 아니라 특수자들의 풍부함을 포괄하고 있는 보편자로 고양된다——이는 마치 똑같은 격언을 젊은이가 매우 올바르게 이해하고 말한다고 해도 인생 경험이 풍부한 어른의 정신 속에 들어 있는 의미와 폭을 지니지 못하는 것과 같다. 격언에 담겨 있는 내용의 온전한 힘은 어른에게서 드러난다. 그리하여 논리〔학〕적인 것은 학문들에 대한 경험의 결과가 되었을 때에야 비로소 자신의 가치를 평가받는다. 이로써 논리〔학〕적인 것은 정신에게 보편적인 진리로서, 즉 다른 질료나 실재들과 **나란히 있는 특수한** 지식이 아니라 이 모든 다른 내용들의 본질로서 제시된다.

이제 논리〔학〕적인 것은 연구의 시작 단계에 있는 만큼 그 힘이 의식된 상태로 정신 앞에 드러나 있는 것은 물론 아니지만, 정신은 자신을 모든 진리로 이끄는 힘을 논리학을 통해 자신 속에 받아들인다. 논리학의 체계는 그림자의 왕국이자 단순한 본질성의 세계이며, 모든 감각적 구체성에서 해방되어 있다. 이 학문에 대한 연구, 즉 이 그림자의 왕국에 머물면서 작업하는 것은 의식의 절대적인 도야이자 수양이다. 여기에서 의식은 감각적 직관이나 목적, 감정, 단지 머릿속에만 있는 표상 세계 등과는 동떨어진 일을 한다. 소극적인 측면에서 보면 이러한 일은 추론적 사유의 우연성을 멀리함으로써 또 상반되는 이런저런 근거들을 생각해내서 통용시키는 전횡을 기피함으로써 이루어진다.

그러나 무엇보다도 사상은 이를 통해 자립성과 독립성을 획득한다. 사상은 추상적인 것 속에 자리잡게 되고 감각적인 토대 없이 개념을 통해 계속 나아가는 것에 익숙해져 다음과 같은 생각지도 못한 힘이 되기에 이른다. 즉 다른 다양한 지식과 학문들을 이성적인 형식에 받아들이는 힘, 그것들의 본질성을 포착하고 견지하는 힘, 외면성을 벗겨내고 그리하여 그 지식과 학문들에서 논리적인 것을 끌어내는 힘, 또는 같은 말이지만 연구를 통해 사전에 획득된, 논리적인 것의 추상적 토대를 온갖 진리의 내용으로 가득 채우는 힘, 그 내용에 보편자의 가치를 부여하는 힘이 되는 것이다. 이 보편자는 더 이상 하나의 특수자로서 다른 특수자들과 나란히 있는 것이 아니라 모든 특수자를 뒤덮는 것이며 그들의 본질, 즉 절대진리Absolute-Wahre이다.

논리학의 일반적 분류

이 학문의 **개념**과 이것이 정당화되는 지점에 관해 언급했던 것에서 다음과 같은 사실을 알 수 있다. 즉 일반적인 **분류**는 여기에서 **잠정적**일 뿐이며, 말하자면 오직 저자가 그 학문을 이미 알고 있고 따라서 그 개념이 전개되면서 어떤 주요한 차이들로 규정될지를 여기서 사전에 **역사적으로** 열거할 수 있는 한, 진술될 수 있다는 사실이다.

그러나 **분류**를 위해 필요한 것을 미리 일반적으로 규명하는 작업은 시도할 수 있다. 비록 이때도 방법에 대한 논의가 요구될 수밖에 없으며, 이는 논리학 내에서 비로소 완전히 이해되고 정당화되는 것이지만 말이다——따라서 무엇보다도 잊지 말아야 할 것은 논리학에서는 **분류**가 **개념**과 결부되어야 한다는 점, 아니 오히려 분류는 개념 자체 내에 놓여 있다는 사실이 전제된다는 점이다. 개념은 비규정적인 것이 아니라 그 자체에서 **규정된다**. 그런데 분류는 이 개념의 **규정성**을 **전개된 것으로서** 표현한다. 이러한 분류가 개념의 **판단** Urteil[10] 이며, 외면적으로 취해진 어떤 대상에 **대한** 판단이 아니라 근원적으로 나눔, 즉 개념을 그 자체에서 **규정하는 것**이다. 〔흔히〕 삼각형을 분류할 때 따르는 규정인 직각, 예각, 등변 등과 같은 성질은 삼각형 자체의 규정성, 즉 삼각형의 개념으로 일컬어지곤 하는 것에는 들어 있지 않다. 마찬가지로 동물 일반의 개념 또는 포유류, 조류 등의 개념으로 간주되는 것에는 동물을 포유류, 조류 등으로 분류하고 이들을 더 자세하게 종들로 분류하는 데 쓰이는 규정이 들어 있지 않다. 이러한 규정들은 어딘가 다른 곳, 즉 경험적인 직관에서 받아들인 것이다. 이 규정들은 외부에서 취해져서 앞서 말한 자칭 개념에 덧붙여진 것이다. 〔그러나〕 분류를 철학적으로 다룰 때에는 개념 자체가 규정들의 근원을 포함하는 것으로 나타나야 한다.

그러나 서론에서 논리학의 개념은 그 자체 저편에 있는 학문〔정신현상학〕의 결과인 것으로 진술되었으며, 따라서 여기에서도 하나의 **전제**라 할 수 있다. 이에 의거하여 논리학은 **순수한 앎**reine Wissen을 자신의 원리로 삼는 순수 사유의 학문, 즉 추상적인 통일이 아니라 구체적이고 살아 있는 통일로 규정되었다. 이러한 통일에서는 **그 자체로서 존재하는 주관적인 것**einem subjektiv für sich Seienden과 그렇게 **존재하는 또 다른 것**einem zweiten solchen Seienden인 객관적인 것 사이에서 일어나는 의식의 대립이 극복된 것으로 인지되며 존재는 자기 자신에 즉해 있는 순수 개념이고 또 순수 개념은 참된 존재임이 알려져 있기에, 구체적이고 살아 있는 통일이라 할 수 있다. 따라서 이것들〔주관과 객관, 개념과 존재〕은 논리학 속에 담겨 있는 두 **계기**Momente이다. 그러나 이제 이 계기들은 〔오성적인〕 의식에서처럼 각각 **똑같이 그 자체로서 존재하는 것**이 아니라 서로 **불가분적으로** 존재함을 알게 되었다. 이와 동시에 그 계기들은 **구별된 것**unterschiedene으로서 (그래도 그 자체로서 존재하는 것은 아니다) 인지된다는 점만 보아도, 그것들의 통일은 추상적이고 죽어 있으며 움직이지 않는 것이 아니라 구체적인 통일이다.

이러한 통일은 동시에 **요소**Element[11]로서 논리학의 원리를 구성하고 있으며, 따라서 당장에 이 원리에 내재해 있는 이러한 차이는 단지 이 〔통일로서의〕 요소 **안에서만** 전개된다. 왜냐하면 앞에서 말한 대로 분류가 개념의 **판단**, 즉 개념에 이미 내재해 있는 규정의 정립이자 그 차이의 정립이라면, 이 정립은 저 구체적인 통일을 다시 그 자체로서 존재하는 것으로 간주할 수밖에 없는 규정들로 해체시켜버리는 것으로 이해되어서는 안 되기 때문이다. 그와 같은 해체는 허망하게도 이전의 관점, 즉 의식의 대립으로 되돌아가는 꼴이 되고 말 것이다. 그러나 의식의 대립은 사라졌다. 앞서 말한 통일은 계속 요소로 남아 있으며 분류가 행하는 저러한 구별, 요컨대 전개에 의한 구별은 더 이상 이 통일에서 벗어나지 않는다. 이로써 주관적인 것과 객관적인 것, 사유와 존재, 또는 개념과 실재처럼, 어떤 관련 하에 규정되었든 간에 (**진리를 향해 가는 도정에서**) 본시 그 자체로서 **존재하던** 규정들은 **이제 자신들의 진리 속에서**, 즉 통일 속에서 **형식**으로 격하된다. 그리하여 규정들은 자신의 차이 속에서 스스로 **자신에 즉해** 온전한 개념으로 남아 있으며, 이러한 개념은 분류할 때 오직 그 자신의 규정들 아래에 정립될 뿐이다.

따라서 바로 이 온전한 개념은 한번은 **존재하는** 개념으로, 다른 한번은 **개념** 자체로 고찰되어야 한다. 전자는 단지 **자신에 즉해 있는 개념**, 즉 실재나 존재의 개념이며 후자는 그 자체로서의 개념, 즉 **독자적으로 존재하는** 개념이다(이와 같은 개념은, 구체적인 형식을 들어 말하자면 사유하는 인간에게서 성립하지만 감정이 있는 동물과 유기적인 개체 일반에서도 가능하다. 물론 이 경우에는 **의식된**bewußt 개념도 **알려진**gewußt 개념도 아니지만 말이다. 그러나 **자신에 즉해 있는** 개념은 단지 비유기적인 자연에만 있는 것이다). 이에 따라 논리학은 우선 **존재로서의 개념** 논리학과 **개념으로서의 개념** 논리학으로 또는 **객관** 논리학과 **주관** 논리학으로 분류되어야 한다. 비록 가장 비규정적이고 따라서 가장 애매한 말이긴 해도 일반적이고 통상적인 표현을 사용한다면 말이다.

그러나 개념의 내적인 통일의 기초를 이루는 요소에 따르면, 더불어 개념의 규정들 간의 불가분성에 따르면, 이 규정들이 서로 **구별되고** 그 구별된 **차이**에서 개념이 정립되는 한, 그것들은 또한 적어도 상호 **연관**되어야 한다. 이로부터 **매개**Vermitt-lung의 국면이 생겨나는데, 그것은 **반성 규정들**의 체계로서의 개념, 즉 개념의 **내적** 본성Insichsein으로 이행하는 존재의 체계로서의 개념이다. 이런 식의 개념은 아직 **그 자체로서** 독자적으로 정립되지 못하고, 자신의 외면이기도 한 직접적 존재에 붙들려 있다. 이것이 존재론과 개념론 중간에 있는 **본질론**이다. 이는 논리학 저작의 일반적 분류에서는 여전히 **객관** 논리학에 속한다. 물론 본질이 이미 내적인 것이기는 해도, **주관**의 특성은 분명 개념의 몫으로 남겨놓아야 하기 때문이다.

최근 **칸트**[12]는 통상 논리학이라 부르는 것에 또 하나의 논리학인 **초월적 논리학**을 대립시켰다. 이 책에서 **객관 논리학** 이라 이름 붙인 것은 부분적으로는 칸트의 **초월적 논리학**에 상응할 것이다. 그는 자신이 일반 논리학이라고 부르는 것과 초월적 논리학을 구분하는데, 초월적 논리학은 α) 선험적으로a priori **대상**과 관계를 맺는 개념들을 고찰하고, 그리하여 객관적 인식의 모든 **내용**을 도외시하지 않는다. 다시 말해 초월적 논리학은 **대상**에 대한 순수 사유의 규칙들을 포함한다. β) 동시에 초월적 논리학은, 우리의 인식이 대상에게 양도될 수는 없으므로 그 인식의 근원을 탐구한다——칸트의 철학적 관심은 전적으로 바로 이 두 번째 측면을 향해 있다. 칸트의 주된 사상은 **범주들**Kategorien을 **주관적 자아**Ich로서의 자기 의식에 돌려주어야 한다고 주장하는 것이다. 이렇게 정해진 덕분에 그의 견해는 의식과 그것의 대립 안에 머물러 있으면서, 사유하는 자기 의식이 정립하거나 규정하지 못하는 어떤 것을, 즉 사유에게 낯설고 외적인 것인 **물자체**를 감정이나 직관의 경험 영역 바깥에 계속 남겨두었다. 비록 **물자체**와 같은 추상체는 단지 사유, 그것도 추상 작용만 하는 사유의 산물일 뿐이라는 사실이 쉽게 간파될 수 있지만 말이다——다른 칸트주의자들이 자아에 의한 **대상** 규정에 관해서 자아의 객관화는 의식의 근원적이고 필연적인 행위로 간주되어야 한다고, 그리하여 이 근원적인 행위에는, 의식에 대한 의식이든 의식의 객관화이든, 아직 자아 자체에 대한 표상은 없다고 말했을 때, 의식의 대립에서 해방된 이 객관화하는 행위는 더 자세하게 말하면 대개 사유 그 자체라고 여길 수 있는 행위인 것이다.[13] 그러나 이러한 행위를 더 이상 의식이라 불러선 안 된다. 의식은 저 근원적인 행위에는 들어 있지 않은, 자아와 대상 간의 대립을 내포하고 있기 때문이다. '의식'이라는 명칭은 **사유**라는 표현보다 훨씬 더 많은 주관성의 가상을 이러한 행위에 덮어씌운다. 그러나 여기에서 사유라는 말은 대개 절대적인 의미에서 의식의 유한성에 매여 있지 않은 **무한한** 사유, 요컨대 **사유 그 자체**Denken als solches로 이해해야 한다.

그런데 칸트 철학의 관심은 이른바 사유 규정들의 **초월성**을 향해 있었기 때문에 규정들 자체를 논하는 것은 아무런 결실도 얻지 못했다. 자아와 맺는 추상적이고 매한가지인 관계를 떠나서 사유 규정은 그 자체에서 무엇인지, 즉 서로에 대한 규정성과 상호 관계를 고찰 대상으로 삼지 못했다. 따라서 이런 철학을 통해서는 사유 규정의 본성에 대한 인식이 조금도 진척되지 않았다. 이와 관련해 유일하게 관심을 끌만한 것은 이념의 비판에서 발견된다. 그러나 철학이 현실적으로 진보하기 위해서는 불가피하게도 사유의 관심이 형식적 측면인 자아에 대한, 즉 의식 그 자체에 대한, 다시 말해 주관적 앎이 객체와 맺는 추상적인 관계에 대한 고찰로 이끌릴 수밖에 없었으며 **무한한 형식**, 즉 개념에 대한 인식은 이런 식으로 시작될 수밖에 없었다.

그럼에도 불구하고 이러한 인식에 도달하기 위해서는 그 형식이 곧 자아이자 의식인 저 유한한 규정성을 여전히 벗겨내야만 했다. 형식은, 그렇게 순수한 상태로 철저하게 사유되었을 때라야 스스로를 **규정하는 일**, 즉 자신에게 내용을, 그것도 사유 규정들의 체계처럼 필연성을 갖고 있는 내용을 부여하는 일을 할 수 있게 된다.

그리하여 객관 논리학은 오히려 이전의 **형이상학**, 즉 오직 **사상**에 힘입어서만 세계에 관한 학문적 구조가 될 수 있었던 그 예전의 형이상학을 대신하고 있다 —— 이 학문〔형이상학〕이 완성된 최종 형태를 생각해보면, 첫째로는 당장에 **존재론**인데, 바로 이 자리에 객관 논리학이 들어선다(이것은 이전의 형이상학에서 **있음**Ens 일반의 본성을 탐구해야 했던 부분에 해당한다. 있음은 **존재**와 **본질**을 모두 포괄하는데, 이들의 차이에 대해 다행스럽게도 우리의 언어〔독일어〕는 서로 다른 표현을 유지해왔다) —— 그러나 이제 다음으로 객관 논리학은 형이상학의 나머지 부분도 포함한다. 여기에서는 우선은 표상에서 취해지는 특수한 기체인 영혼, 세계, 신 등을 순수 사유 형식을 가지고 파악하려 했으며, **사유의 규정들**이 고찰 방식의 **본질성**을 이루고 있다. 그러나 논리학은 사유 형식을 이러한 기체들, 즉 **표상**의 주체들에서 벗어나 있는 것으로 보고, 그것의 즉자대자적인 본성과 가치를 고찰한다. 이전의 형이상학은 이를 단념했으며, 그리하여 사유 규정이 칸트의 표현대로 물자체의 규정이 될 수 있는지 아니면 오히려 이성적인 것의 규정이 될 만한 것인지, 또 어떻게 그러한지에 대한 사전 연구 없이 그것들을 **무비판적**으로 사용했다는 비난을 초래했는데, 그 비난은 실로 정당한 것이었다——따라서 객관 논리학은 사유 규정들에 대한 참된 비판(후천적인 것 Aposteriorische에 반대되는 선험성Apriorität의 추상적 형식에 의거해서가 아니라, 사유 규정 자체를 그것의 특수한 내용 속에서 고찰하는 비판)이라 할 수 있다.

주관 논리학은 **개념**의 논리학, 즉 어떤 한 존재나 그것의 가상과 맺는 관계를 지양하고 존재의 규정에서 더 이상 외적인 것이 아니라 자유롭고 자립적이며 스스로를 내적으로 규정하는 주관적인 것, 아니 오히려 **주체** 자체인 본질의 논리학이다. **주관적인 것**은 대개 **의식**의 형식에 속해 있는 규정이라는 오해와 아울러 우연적이고 자의적이라는 오해를 수반하는 만큼, 여기서는 주관적인 것과 객관적인 것의 차이에 별다른 비중을 두지 않겠다. 이는 나중에 논리학 자체에서 더 자세히 전개될 것이다.

따라서 논리학은 대체로 **객관** 논리학과 **주관** 논리학으로 나뉜다. 그러나 더 정확하게는 세 부분으로 되어 있다.

Ⅰ. **존재의 논리학**Die Logik des Seins,

Ⅱ. 본질의 논리학die Logik des Wesens,

Ⅲ. 개념의 논리학die Logik des Begriffs.

제2장

철학백과 서론

§ 1

철학은 다른 학문들에는 이로울 장점, 즉 자신의 **대상**을 표상에서 직접 주어진 것으로 전제할 수 있고, 〔연구를〕 시작하거나 진행하기 위한 인식 **방법**을 이미 승인된 것으로 **전제할** 수 있다는 장점을 갖고 있지 않다. 물론 철학은 우선 자신의 대상을 종교와 공유한다. 양자 모두 **진리**를 대상으로 삼으며 그것도 **신이** 진리이고 신만이 **오로지** 진리라는 최고의 의미에서 그러하다. 나아가 양자 모두 유한자의 영역, 즉 **자연과 인간 정신**을 다루며 이들간의 상호 관계와 이들이 자신의 진리인 신과 맺는 관계를 논한다. 따라서 철학은 대상들에 대한 **익숙함**, 아니 여하튼 대상들에 대한 관심 같은 것을 전제할 **수밖에 없다**——의식이 대상에 대한 **개념**보다 **표상**을 시간상 더 일찍 만든다는 이유만으로도 **사유하는** 정신은 심지어 표상을 **통해서**만 또 표상에 **의지해서**만 사유하는 인식과 개념 파악으로 나아가게 되는 것이다.

그러나 사유하는 고찰의 경우에는 그 내용의 **필연성**을 드러내야 한다는, 대상의 규정들은 물론이거니와 존재 또한 **논증**해야 한다는 요구가 내포되어 있다는 사실은 잘 알려져 있다. 앞서 말했던 대상에 대한 익숙함만으로는 불충분하며, **전제**하고 **보증**하거나 승인하는 것은 허용되지 않는 일로 여겨진다. 그러나 이와 동시에 하나의 **시원**을 마련해야 하는 어려움이 등장한다. 왜냐하면 시원이란 **직접적인 것**으로서 자신의 전제를 만들어내거나 아니면 오히려 그 자체가 전제와 같은 것이기 때문이다.

§ 2

우선 철학은 일반적으로 대상들에 대한 **사유하는 고찰**로 규정될 수 있다. 그러나 인간이 사유에 의해 **동물**과 구별된다는 것이 옳다면(물론 옳을 테지만), 모든 인간다움은 사유에 의해 실현됨으로써, 또 오직 그럼으로써만 인간다울 수 있는 것이다. 그럼에도 불구하고 철학은 사유의 한 고유한 방식, 즉 사유가 인식으로 그것도 개념 파악하는 인식으로 되게끔 하는 하나의 방식이므로, 철학의 사유는 인간다운 모든 것에서 활동하는, 실로 인간다움의 〔참된〕 인간성을 실현하는 사유와 어떤 **구별성** 또한 지닐 것이다. 설사 그것이 인간성을 실현시키는 사유와 일치하며 **본래는 동일한** 사유일 뿐이라 해도 말이다. 그 차이는 다음의 사실과 연결된다. 즉 사유에 의해 정초되는 인간의 의식 내용은 처음에는 **사상의 형식으로** 나타나는 것이 아니라, 감정, 직관, 표상 등으로, 다시 말해 〔사상의〕 **형식으로서의** 사유와 구별해야만 하는 그런 **형식들로 현상한다**는 것이다.

인간이 사유에 의해 동물과 구별된다는 것은 오래된 선입견이자 진부해진 명제다. 물론 이것은 진부해 보일 수 있지만, 이 오래된 믿음을 새삼 상기시킬 필요가 있다고 한다면, 이상해 보일 것이다. 그러나 요즘 시대의 선입견, 즉 **감정**과 **사유**가 서로 분리되어 대립하고 심지어 서로 적대적이기까지 하며 감정, 특히 종교적 감정은 사유 때문에 불순하게 되고 왜곡되며 어쩌면 파괴되기도 한다는 선입견, 그리고 종교와 신앙심은 사유 속에서는 본질적으로 자신의 뿌리나 위치를 가질 수 없다는 요즘의 선입견과 관련해서라면, 저러한 믿음을 상기시키는 일이 필요할지도 모른다. 위와 같이 분리할 경우에는, 오로지 인간에게만 종교가 가능하며 동물은 법과 도덕을 가질 수 없듯이 종교도 가질 수 없다는 사실이 망각된다.

앞에서와 같이 종교와 사유의 분리를 주장할 때에는 숙고Nachdenken[14]라고 불릴 수 있는 사유――**사상** 그 자체를 **내용**으로 삼아서 의식으로 가져오는 **반성하는** 사유를 떠올리기 마련이다. 사유에 관해 철학이 분명하게 말한 차이를 깨닫고 주목하는 일을 소홀히 한다면, 철학에 대한 가장 조야한 표상과 비난을 낳게 된다. 오직 인간에게만 종교, 법, 윤리가 있기에, 더욱이 인간은 사유하는 존재라는 이유만으로도, 종교적인 것, 법적인 것, 윤리적인 것에서――감정이든, 믿음이든, 표상이든――**사유** 일반이 활동하지 않을 수 없었다. 〔즉〕 거기에는 사유의 활동과 산물들이 **현존하고 있으며 포함되어** 있는 것이다. 그러나 **사유**에 의해 **규정되었고 사유가 스며들어 있는** 감정과 표상들을 가지는 것과 **이에 대한 사상**을 가지는 것은 서로 다르다. 이러한 형태의 의식들에 **대해**

숙고가 산출한 사상들은 반성, 추론 등, 나아가 철학도 포괄한다.

이와 동시에 그러한 **숙고**를 조건으로, 더구나 우리가 영원한 것과 참된 것을 표상하고 확신하게 되는 유일한 길로 주장하는 일이 생겨났으며, 이러한 오해는 매우 자주 발생해왔다. 가령 (이젠 오히려 **과거의 것**이 되어버린) **신의 현존재에 대한 형이상학적 증명**은 이 증명을 숙지하고 확신해야만 신의 현존에 대한 믿음과 확신이 본질적으로 또 유일하게 성취될 수 있다고, 혹은 마치 그런 양 사칭되어왔다. 이와 같은 주장은 우리가 음식물의 화학적, 식물학적 또는 동물학적 규정들에 관한 지식을 획득하기 전에는 먹을 수 없으며, 해부학과 생리학의 연구를 다 마칠 때까지는 소화를 참고 기다려야 한다는 주장과 일치한다. 만일 그렇다면, 당연히 이러한 학문들은——철학이 자신의 영역에서 그러하듯이——그들의 영역에서 매우 유용하게 쓰일 것이고 더구나 그 유용성은 절대적이고 보편적인 필수불가결함으로 격상될지도 모른다. 그러나 오히려 이런 학문들은 필수불가결한 것이 되기는커녕, 존재할 수조차 없을 것이다.

§ 3

어떤 종류의 것이든 우리의 의식을 채우는 **내용**은 감정, 직관, 심상, 표상, 목적, 의무 등과 사상, 개념의 **규정성**Bestimmtheit을 형성한다. 이 점에서 감정, 직관, 심상 등은, 느껴지든 직관되든 표상되든 원하는 것이든 간에, 또 **오로지** 느껴만지든 사상과 뒤섞여 느껴지고 직관되든 완전히 **순수하게** 사유만 되든 간에, **변함없이 동일하게** 있는 내용의 **형식들**이다. 이러한 형식들 중 어떤 하나에서 또는 여러 형식들이 뒤섞여 있는 가운데서 내용은 의식의 **대상**이다. 그러나 이러한 대상성에서는 **그 형식들의 규정성** 또한 **내용이 되고 만다**. 그리하여 이 각각의 형식에 따라서 어떤 특수한 대상이 생겨나는 듯하며, 본래는 똑같은 것도 다른 내용으로 보일 수 있다.

감정, 직관, 욕구, 의지 등의 규정성은 **인지되는** 한에서 대개 **표상**이라고 불린다. 따라서 철학은 표상의 자리에 대신 **사상**, **범주**, 더 정확하게는 **개념**을 놓는다고 일반적으로 말할 수 있다. 표상은 대체로 사상과 개념의 **메타포**로 간주될 수 있다. 그러나 표상을 가지고 있다 해서 사유에서의 표상의 의미나 그 사상 및 개념을 알 수 있는 것은 아니다. 이와 반대로 사상과 개념을 가지는 것과 이에 상응하는 표상, 직관, 감정이 무엇인지를 아는 것은 별개이다——우리가 철학의 **난해함**이라고 부르는 것의 한 측면은 이 문제와 연관되어 있다. 그 어려움은 한편으로는 어떤 무능함에서 기인하는데, 이는 추상적으로 사유하는 것, 즉 순수한 사상들을 견지하고 그 안에서 움직이는 것에 본래부터 **익숙하지 않음**을 말한다. 우리의 일상적인 의식에서 사상들은 손에 익은 감각적, 정신적 재료를 걸쳐 입고 그것과 하나가 되어 있다. 그리고 숙고나 반성, 추론에서 우리는 감정, 직관, 표상 등을 사상과 **뒤섞는다**("이 잎은 푸르다"와 같이 순전히 감각적인 내용으로 된 모든 명제들에도 이미 **존재**, **개별성** 등의 범주들이 섞여 있다). 그러나 사상 자체를 순수하게 대상으로 삼는 것은 이와 전혀 다르다——철학이 난해한 또 다른 이유는 사상과 개념으로서 의식에 있는 것을 표상의 방식으로 마주하려고 하는 조바심에 있다. 흔히들 자신이 파악한 어떤 개념에서 무엇을 **사유**해야 할지 모르겠다는 말을 한다. 〔그러나 사실〕 한 개념에서 사유될 수 있는 것은 개념 자체뿐이다. 그런데도 저처럼 무엇을 사유해야 할지 모르겠다고 말하는 것의 진의는 이미 **잘 알고 있는 친숙한 표상**에 대한 갈망이다. 의식은 마치 표상의 방식과 아울러 자신의 지반, 즉 전에는 확고하고도 편안하게 있을 수 있었던 지반을 빼앗긴 양 생각한다. 의식은 개념의 순수한 영역으로 옮겨지면 자신이 도대체 **어디에** 있는지를 알지 못한다——그러므로 독자나 청중에게 그들이 이미 암기하고 있는 것, 그들에게 친숙한 것 그리고 **자명한 것**을 귀띔해주는 작가, 목사, 연설가 등이 **가장 이해하기 쉽다**고 인정받는 것이다.

§ 4

철학은 우리의 범속한 의식과 관련해서 우선 **자신의 고유한 인식 방식의 필요성**을 밝히든지 아니면 일깨워야 할 것이다. 그러나 종교의 대상, 즉 **진리** 일반에 관련해서도 철학은 이와 같은 진리를 자기 자신으로부터 인식할 수 있는 **능력이 있음**을 입증해야 할 것이다. 그리고 **종교적** 표상들과의 **구별성**이 드러나는 것과 관련해서, 철학은 그와 다른 자신의 규정들을

정당화해야 할 것이다.

§5

앞서 말한 차이와 이에 결부되어 있는 통찰, 즉 우리 의식의 참된 **내용**은 사상과 개념의 형식으로 옮겨도 **보존되며**, 오히려 그때야 비로소 그 내용의 고유함이 밝혀진다는 통찰에 대해 잠정적으로나마 설명하기 위해 또 하나의 **오래된 선입견**이 상기되어야 한다. 이 선입견이란 바로 대상이나 이미 주어져 있는 것에서 또 감정, 직관, 사념, 표상 등에서도 **참된 것**을 경험하려면 **숙고**가 필요하다는 것이다. 그런데 숙고라는 것은 어떤 경우라도 최소한 감정, 표상 등을 **사상**으로 전환시키는 일을 한다.

철학이 자신의 일의 고유한 **형식**으로서 요구하는 것은 오로지 **사유**뿐이다. 그러나 모든 사람은 천성적으로 사유할 수 있는 한, §3에서 진술되었던 차이를 무시하고 이처럼 사상시켜버림으로써 앞에서 철학의 **난해함**에 대해 불평했던 것과는 정반대의 일이 나타난다. (즉) 이 학문은 빈번히 경멸당한다. 즉 철학을 위해 애쓴 적이 없는 사람들까지도 자신들은 철학의 사정을 본래부터 **이해하고 있으며**, 일상적인 교양 수준에서 특히 종교적 감정에 기반하여 살아갈지라도 철학할 수 있고 또 철학에 대해 판단할 수 있다는 헛된 자부심을 드러내는 것이다. 사람들은 다른 학문들을 알기 위해서는 연구해야 함을 그리고 지식을 습득한 후에야 비로소 그 학문들에 대해 판단할 권리를 가질 수 있음을 인정한다. 구두를 만들기 위해서는 비록 모든 사람이 자신의 발 치수를 잴 자와 손을 가지고 있고 필요한 작업을 위한 천부적 재능을 가지고 있다 해도, 배우고 익혀야만 함을 인정한다. 그런데 오직 철학함 자체에 대해서만 이와 같은 연구와 학습, 노력이 필요하지 않다는 것이다——이런 안이한 생각은 최근 직접지unmittelbaren Wissen, 즉 직관을 통한 앎이라는 이론에서 확인되었다.

§ 6

또 다른 측면에서 볼 때 마찬가지로 중요한 점은, 철학은 자신의 내용이 다름 아니라 본래 살아 있는 정신의 영역에서 산출되었고 스스로를 산출해가면서 **세계**, 즉 의식의 외적·내적 세계로 된 충만한 내용Gehalt임을——자신의 내용은 **현실**임을 알아야 한다는 것이다. 이러한 내용에 대한 가장 비근한 의식을 우리는 **경험**이라고 부른다. 세계를 좀 더 신중하게 고찰해보면 외적·내적 현존재Dasein의 드넓은 영역 가운데서 다만 **현상**일 뿐인 것, 즉 스쳐지나가는 무의미한 것과 내적으로 진정 **현실**이라 불릴 만한 것은 이미 구별된다. 철학은 이 똑같은 내용이 다른 식으로 의식되는 것과 형식상으로만 구별되기에, 현실이나 경험과의 일치가 필수적이다. 더구나 철학과 현실의 이러한 일치는 어떤 한 철학의 진리에 대한 최소한의 외적인 시금석으로 간주될 수 있다. 또 이러한 일치를 인식함으로써 자기 의식적인 이성과 **존재하는** 이성, 곧 현실의 화해를 이끌어내는 것이야말로 학문의 최고의 궁극 목적이라 할 수 있다.

나의 《**법철학***Philosophie des Rechts*》 서문에는 다음의 명제가 있다.

이성적인 것은 현실적이며,

현실적인 것은 이성적이다.

이 단순한 명제를 많은 이들이 이상하게 여기고 비난해왔으며, 더구나 종교는 물론이고 철학도 갖고 있음을 부인할리 없는 사람들까지도 그랬다. 이와 관련하여 종교를 증거로 대는 것은 쓸데없는 일이다. 왜냐하면 신의 세계 통치에 대한 종교적 교리는 이 명제를 너무나 단호하게 표명하고 있기 때문이다. 그러나 그 철학적 의미에 관해서라면 많은 교양이 전제되어야 한다. 즉 신이 현실적이라는 것——신이 가장 현실적이라는 것, 신만이 오로지 참되게 현실적이라는 것뿐만 아니라, 형식적인(논리적인) 것을 고려할 때 대체로 현존재는 **현상**이며 단지 부분적으로만 현실임을 또한 알아야 한다.

일상생활에서는, 여전히 미흡하고 일시적인 모든 실존Existenz과 아울러 기발한 착상, 오류, 악이나 이런 쪽에 속해 있는 것들 모두를 무심코 **현실**이라고 부른다. 그러나 평소 느낌에도, 우연적인 실존은 현실이라고 단호하게 부르기에는 걸맞지 않을 것이다——우연적인 것은 어떤 **가능성** 이상의 의미를 가지지 않는, 존재하는 만큼이나 **존재하지 않을** 수도 있는 실존인 것이다. 반면에 내가 현실에 대해 말했을 때에는, 어떤 의미에서 이 표현을 사용하는지 자연스레 떠오를 것이다. 왜냐하면 나는 한 상세한 **논리학**〔즉 《논리학》〕에서도 현실성을 다루었으며, 그것을 우연적이면서도 실존 또한 갖고 있는 것과 바로 구별했을 뿐만 아니라 더 자세히는 현존재, 실존, 기타의 다른 규정들과 엄밀하게 구별했기 때문이다.15——**이성적인 것의 현실성**은, 이념Ideen과 이상Ideale은 환영에 지나지 않으며 철학은 이런 망상들의 체계라는 생각과 이미 대립하고 있으며, 반대로 이념과 이상은 현실성을 가지기에는 뭔가 너무 뛰어난 것이거나 스스로 현실성을 마련하기에는 너무 무력한 것이라는 생각에도 맞서 있다. 그러나 현실을 이념에서 떼어놓는 일은 무엇보다도 오성이 좋아하는 일이다. 오성은 자신이 추상해낸 몽상을 참된 것으로 간주하고, 특히 정치적인 영역에서 자신이 즐겨 명하는 **당위**에 대해 우쭐해한다. 마치 세계는 어떻게 존재**해야 마땅한가**를 경험하기 위해서 오성을 기다려왔다는 듯이 말이다. 그러나 그럴 리 없다. 만일 세계가 마땅히 존재해야 할 바대로 있게 되면, 그 당위의 기고만장함은 대체 어디에서 계속 유지되겠는가? 오성이, 혹시 어떤 특정 시기에나 특수한 영역에서는 상대적으로 매우 중요할 수도 있는 사소하고 피상적이며 일시적인 대상, 제도, 정세 등에 당위로써 맞선다면 아마도 정당할 것이다. 그런 경우들에서 오성은 보편타당한 규정들에 맞지 않는 많은 것을 발견할 것이다. 〔그러나〕 주변의 많은 것들이 실상 그 당위에 따라 존재하지 않음을 볼 수 있을 정도의 영리함이라면 누군들 갖고 있지 않겠는가? 그러나 부당하게도 이 영리함은 저러한 대상들 및 그 당위와 더불어 자신이 철학적 학문의 관심 안에 있다는 착각에 빠져 있다. 철학은 오로지 이념에만 관계한다. 이 이념은 단지 당위적인 것일 뿐 현실적인 것이 아닐 정도로 무력하지 않다. 이로써 철학은 현실과 관계하며, 앞서 말했던 대상, 제도, 정세 등은 이러한 현실에서 단지 피상적인 외면에 지나지 않는 것이다.

§ 7

전반적으로 **숙고**는 우선 철학의 원리(이는 시원을 의미하기도 한다)를 내포하고 있으며, 근대에 와서는 (루터의 종교 개혁 시대 이후) **자립성**을 부여받고 다시금 번성하게 되었다. 이에 따라 다음과 같은 앎에 모두 **철학**이라는 이름이 붙여졌다. 즉 경험적인 개별성들로 가득한 망망대해에서 확고한 척도와 **보편성**을 인식하고 무질서한 듯 보이는 수많은 우연들에서 **필연성**이나 **법칙**을 인식하는 데 전념하면서, 동시에 자신의 **내용**을 외적·내적 세계에 대한 **고유의** 직관과 지각에서, 즉 **현존하는** 자연 및 **현존하는** 정신과 인간의 가슴에서 얻어낸 모든 앎이 철학이라고 불렸던 것이다. 그리스에서 처음 철학이 시작될 때 그랬듯이 원래 숙고는 단순히 추상적으로 행해진 것이 아니라 현상 세계에서 끝없이 나타나는 질료에도 몰두했던 것이다.

경험이라는 원리는 매우 중요한 규정을 내포한다. 즉 어떤 한 내용을 받아들이고 확신할 수 있으려면 인간이 몸소 **그 곁에 있어야**dabei sein 한다는 규정, 더 정확히 말하면 인간은 이 내용을 **자기 자신의 확실성**과 일치, 결합해 있는 것으로 생각한다는 규정을 담고 있다. 인간은 몸소 그 곁에 있어야 한다. 외적인 감각만을 갖고서든, 좀 더 심오한 정신인 본질적인 자기 의식을 갖고서든.——이 원리는 오늘날 믿음, 직접적인 앎, 외부 세계에서의 계시Offen-barung 그리고 특히 **자신의 고유한** 내면에서의 계시 등으로 불리는 것과 같은 것이다. **철학**이라고 이름 붙은 앞서 말한 학문들은 그들이 취하고 있는 출발점에서 볼 때 **경험적인** 학문이라 할 수 있다. 그러나 이 학문들이 목적으로 삼고 산출해내는 본질적인 것은 **법칙**, **보편 명제**, 하나의 **이론**, 즉 지금 존재하는 것에 대한 **사상들**이다. 이런 점에서 **뉴턴**Isaac Newton의 물리학이 자연 철학이라고 불렸다면, 가령 **후고 그로티우스**Hugo Grotius가 역사상 민족들이 행했던 것을 한데 모아 비교하고 통상적인 추론에 의지해 보편적인 원칙, 즉 하나의 이론을 수립했던 것은 국제법 철학이라 불릴 수 있다.——아직도 영국인들 사이에서는 **철학**이라는 명칭이 일반적으로 위와 같은 규정을 지니며, **뉴턴**은 위대한 철학자라는 명성을 계속 지키고 있다. 도구 제작자의 가격표에서까지도 자기 기구, 전기 기구라는 특수한 항목에 속하지 않는 도구들, 즉 온도계, 기압계 등은 **철학적 도구**라고 불린다. 하지만 철학의 도구라고 불려야 할 것은 목재, 쇠 등의 합성물이 아니라 오직 **사유**

뿐이다.16——특히 최근에 등장한 정치경제학 역시 〔영국에서는〕 철학이라고 불리는데, 우리〔독일인들〕는 이것을 흔히 **합리적인** 국가경제학이나 **지적인** 국가경제학이라고 부른다.17

§ 8

이러한 〔경험적인〕 인식은 우선 자신의 분야에서는 만족스럽다 해도 **먼저 첫째로** 거기에 포괄되지 않는 또 다른 영역의 **들, 즉 자유, 정신, 신**이 나타난다. 이것들은 앞서 말했던 지반 위에서는 발견될 수 없는데, 이는 그것들이 경험에 속할 수 없어서가 아니라 이러한 대상들은 당장에 **내용**상 무한한 것으로 나타나기 때문이다. 물론 감각적으로는 아니겠지만 여하튼 의식 속에 있는 것은 경험된다. 이는 심지어 동어반복적인 명제이기도 하다.

"사유에는 감각과 경험 속에 존재하지 않았던 것은 아무것도 없다nihil est in intellectu, quod non fuerit in sensu"라는 오래된 명제가 있다——흔히 이 명제를 **아리스토텔레스**가 한 말로 간주하고 마치 그의 철학적 입장을 표명하는 것인 양 여기지만 이는 잘못이다. 만일 사변철학이 이 명제를 인정하려 하지 않았다면, 이는 단지 오해에서 비롯된 일로 보아야 한다. 그러나 또한 반대로 사변철학은 다음과 같이 주장하기도 할 것이다. "감각에는 사유 속에 존재하지 않았던 것은 아무것도 없다." 이 명제는 극히 일반적인 의미에서, 누스 νοῦς나 (좀 더 철저하게 규정한다면) **정신**이 세계의 원인임을 말한다. 그리고 더 상세하게는(§2 참조) 법적, 윤리적, 종교적 감정이란 오로지 사유에서만 자신의 뿌리와 거처를 지니는 이러한 내용에 대한 감정이자 경험임을 의미한다.

§9

둘째, 주관적 이성은 **형식에 관해서** 〔경험적 인식보다〕 한층 더 충족되기를 바란다. 이러한 형식이 **필연성** 일반이다(§1 참조). 앞서 말한 경험적 학문의 방식에서는 한편으로 거기에 들어 있는 **보편자**, 유(類) 등이 그 자체로 있으면서 비규정적인 만큼, **특수자**와 그 자체로서 관계맺지 못하고 양자가 서로 외적이고 우연적으로 존재한다. 결합해 있는 특수성들도 마찬가지로 그 자체로 있으면서 서로 외적이고 우연적으로 존재한다. 다른 한편 경험적 학문의 출발점은 언제나 **직접적인 것, 이미 발견된 것**, 즉 **전제들**이다. 이 두 가지 점에서 필연성이라는 형식은 충족되지 않는다. 이러한 요구를 충족시키는 것을 지향하는 한에서 숙고는 철학 본래의 것, 즉 **사변적 사유**가 된다. 이것은 앞서 말한 처음의 숙고〔§2 참조〕와 **공통점**을 지니면서도 **구별되는** 숙고로 공통의 형식 외에도 **특유의 형식들**을 지니는데, 이것들의 보편적인 형태가 바로 **개념**이다.

이 점에서 사변적 학문이 다른 학문들과 맺는 관계는 다음과 같다. 즉 전자는 후자의 경험적인 내용을 도외시하는 것이 아니라 오히려 인정하고 사용한다. 사변적 학문은 또한 다른 학문의 보편자, 법칙, 유 등도 받아들여 자신의 내용에 활용한다. 그러나 사변적 학문은 더 나아가 이런 범주 속으로 또 다른 범주들을 끌어들여 유효하게 만든다. 이렇게 볼 때 양자의 차이는 오로지 이와 같은 범주의 변화에만 관련된다. 사변적 논리학은 이전의 논리학과 형이상학을 포함하고 그 사상 형식이나 법칙, 대상들을 그대로 유지하면서도 또한 그 이상의 범주들을 사용해 계속 만들어가고 바꿔간다.

사변적인 의미에서의 **개념**과 통상적으로 개념이라고 불리는 것은 구별되어야 한다. 후자가 갖는 일면적인 의미에서는, 무한자는 개념을 통해 파악될 수 없다는 주장이 수천 번 반복되어 선입견으로 굳어지고 말았다.

§ 10

철학적 인식 방법으로서의 이러한 사유는 자신의 필연성에 의거해서 파악되어야 할 뿐 아니라, 절대적 대상들을 인식할 수 있다는 점에서도 정당화될 필요가 있다. 그러나 이와 같은 통찰은 그 자체가 철학적인 인식이기에 오직 철학 **내에서**만 이루어진다. 따라서 **임시로 우선** 설명하는 일은 비철학적일 수밖에 없으며 전제나 단언, 추론들로 편성된 것, 즉 우연적인 주장들——이런 것들에 대해서는 똑같은 권리를 갖고 정반대의 주장을 할 수도 있다——로 짜여진 것 이상이 될 수 없다.

비판철학의 주안점은 다음과 같다. 즉 신이나 사물의 본질 등을 인식하는 일에 착수하기 전에, **인식 능력**들 자체를 미리 검토하여 이 일을 수행할 만한 능력이 있는지를 알아보아야 함. 도구를 써서 수행해야 할 작업이라면, 그 일을 시작하기 전에 미리 그 **도구**에 대해 알아야 함. 만일 도구가 불충분하다면, 그 밖의 노력들은 모두 허사로 돌아갈 것임.——이러한 사상은 매우 **그럴듯해** 보였기 때문에 최대의 찬사와 호응을 불러일으켰으며, 이로써 인식은 **대상**에 관심을 가지고 전념하던 것에서 벗어나 자기 자신에게로, 즉 〔주관의〕 형식의 문제로 되돌아가게 되었다. 그러나 말에 현혹되고 싶지 않은 사람이라면, 다른 도구들은 지정된 자신의 고유한 작업을 실시하는 것 이외의 다른 방법을 통해서도 대략 검토, 판단될 수 있겠으나, 인식의 검토만큼은 **인식하면서** 이루어질 수밖에 없음을 쉽게 알 수 있다. 이른바 이러한 도구의 경우에는 그것을 검토함이란 바로 그것을 인식함을 말하는 것이다. 그런데도 인식하기 **전에** 인식하려는 것은, **물에 들어가기 전에 수영하는 법**을 배우겠다던 예전의 스콜라 철학자의 약삭빠른 결단만큼이나 터무니없는 것이다.[18]

이렇게 시작할 때 빠지게 되는 혼란을 잘 알고 있었던 **라인홀트**Karl Leonhard Reinhold[19]는 구제책으로 일단은 **가설적**이고 **문제가 있는 상태에서** 철학을 시작할 것을 제안했다. 그리고 그 방법은 알지 못해도 이렇게 계속하다 보면, 그런 와중에 **근원적 진리**에 이르게 되는 일이 장차 일어날 것이라고 생각했다. 좀 더 자세히 살펴보면 이와 같은 과정은 결국 통상적인 일, 즉 경험적인 기초를 분석하거나 정의에 들어 있는 잠정적인 가정을 분석하는 일이 되고 만다. 〔라인홀트가〕 전제나 잠정적인 것들이 통상 가설적이고 문제가 있는 방식으로 작동함을 밝힌 것은 정확하게 본 것임을 부인할 수 없다. 그러나 이렇게 정확하게 통찰했다고 해서 그런 방식의 성질을 바꿀 수는 없으며 단지 그 불충분함을 곧바로 드러낼 수 있을 뿐이다.

§ 11

철학의 욕구[20]는 다음과 같이 더 자세하게 규정될 수 있다. 즉 정신은 느끼고 직관할 때에는 감각적인 것을, 상상할 때에는 상Bilder을, 무엇인가를 원할 때에는 목적을 대상으로 삼으면서도, 또한 자신의 현존재와 대상이 갖는 **위와 같은 형식들과 대립**해 있거나 단순히 **구별되어** 있으면서, 자신의 최고의 내면성인 **사유**를 만족시키고 또 그 사유를 대상으로 삼는다는 것이다. 그리하여 정신은 가장 심오한 의미에서 **자기 자신에** 이른다. 왜냐하면 정신의 원리, 곧 정신의 순수한 자아를 이루고 있는 것은 바로 사유이기 때문이다. 그러나 이러는 가운데 사유가 스스로 모순에 빠지는 일이 생긴다. 즉 사상의 확고한 비동일성Nichtidentität 속에 빠져서 자기 자신에 이르지 못하고 오히려 상대방에게 사로잡히게 되는 것이다.

오성적인 것에 불과한 사유가 낳는 이러한 결과에 거스르는 더 고차적인 〔철학의〕 욕구가 있으니, 이는 다음에 근거한다. 즉 사유는 스스로를 포기하지 않으며, 위와 같은 〔자기의〕 상실을 알고 있을 때에도 **'그것을 극복하기 위해'** 계속 자신 곁에 충실하게 머무르면서, 자신의 모순을 사유 자체 속에서 해소한다는 점이다.

사유의 본성 자체가 변증법Dialektik이라는 통찰, 오성으로서의 사유는 자신의 부정, 즉 모순에 빠질 수밖에 없다는 통찰이 논리학의 주요한 일면을 이룬다. 사유는 자신이 스스로 빠져든 모순을 과연 **자기 자신의 힘으로** 해소할 수 있을까에 대해 낙담하면서 〔직관, 상상, 의지 등과 같은〕 다른 방식과 형식들에서 정신이 얻은 해결책과 위안을 찾아 되돌아가고 만다. 그러나 이렇게 되돌아간다고 해도, 사유는 **플라톤**이 이미 목도한 바 있는 **이성 혐오**Misologie[21]에 빠질 필요가 전혀 없었으며, 자기 자신에 대해 적대적인 태도를 취할 필요도 없었다. 이러한 태도는 이른바 **직접적인 앎**이 진리를 의식하는 **독점적인** 형식이라고 주장하는 데에서 드러난다.

§ 12

앞에서 말한 욕구에서 기인하는 철학의 **발생**은 **경험**, 즉 직접적이고 추론적인 의식을 **출발점**으로 삼는다. 여기에 자극받아 시작된 사유는 본질상 자연적이고 감각적이며 추론적인 의식을 넘어서 자신의 순수한 요소로 스스로를 **고양시키**

며, 우선은 그 출발점을 멀리하면서 그것과 **부정적인 관계**를 맺는다. 그리하여 사유는 자신, 다시 말해 이 〔자연적, 감각적〕 현상들의 **보편적** 본질인 이념에서 가장 먼저 만족을 얻는다. 이 이념(절대자, 신)은 **다소 추상적**일 수 있다. 반면 경험과학들은, 그 풍부한 내용을 단지 직접적인 것, 이미 주어진 것, **나란히** 있는 잡다한 것, 따라서 대개 **우연적인 것**으로만 드러내는 형식을 극복하고 그 내용을 필연적인 것으로 고양시키라는 자극을 수반한다――이렇게 자극받은 사유는 위에서 말한 추상적인 보편성이나 **자신에게서** 얻었던 만족에서 빠져나와, **자신에서부터 전개**해나가지 않으면 안 된다. 이러한 전개는 한편으로는 내용과 그것의 규정들을 앞에 놓인 그대로 받아들임을 뜻하지만, 다른 한편으로는 이 같은 내용이 오직 사태 자체의 필연성에 따를 뿐 근원적인 사유의 의미에서 자유롭게 생겨나는 모습을 띠게 함을 말한다.

의식에서 직접성과 **매개**가 어떤 관계에 있는가는 뒤에서 명확하고도 더 자세하게 이야기할 것이다. 여기에서는 다만 잠정적으로 다음에 주목해야 한다. 이 두 계기는 구별되는 것으로 **나타나기는** 하지만 **둘 중 어느 것도 없어서는** 안 된다는 사실, 이 두 가지는 **분리될 수 없게** 묶여 있다는 사실이다.――그러므로 모든 **초**감각적인 것 일반에 대해서와 마찬가지로 신에 대한 앎은, 본질상 감각적인 감응이나 직관을 넘어서는 **고양**을 포함한다. 따라서 신에 대한 앎은 이 처음의 것(감응, 직관)에 대해 **부정적인** 태도를 취하는데, 바로 이 점에서 **매개**를 포함한다. 왜냐하면 매개란 시작함과 아울러 그 다음의 두 번째 것으로 진행해 있음을 가리키며, 이 두 번째 것은 자신과 다른 것에서 출발하여 거기에 이른 한에서만 존재하기 때문이다. 그렇다고 해서 신에 대한 앎이 앞서 말한 경험적인 측면에 비해 덜 자립적이라고는 할 수 없다. 오히려 그것은 본질적으로 부정과 고양을 통해 자립성을 획득한다.——만일 매개가 제한된 것으로 여겨져 한 측면만 부각된다면, 경험(**후천적인 것**) 덕분에 비로소 철학이 생겨난다고 말할 수 있겠지만, 이 말은 그리 대단한 것을 의미하지 않는다(실제로 사유는 본질상 우리 앞에 직접적으로 현존하는 것에 대한 부정이다). 앞의 말은 음식물이 없으면 먹을 수 없으므로 우리는 음식물 덕분에 먹을 수 있다는 말과 똑같다. 이렇게 보면 당연히 먹는다는 것은 배은망덕한 행위로 생각될 수밖에 없다. 자신이 은혜를 입고 있는 것을 먹어 삼키니 말이다. 이런 의미에서라면 사유도 마찬가지로 은혜를 모르는 것이다.

그러나 자신 속으로 반조되어reflektierte 자신 속에서 매개된, 사유 고유의 **직접성**(**선험적인 것**)은 바로 **보편성**이며, 이는 결국 사유가 자신 곁에 머무름을 말한다. 사유는 이 보편성에서 내적인 만족을 얻고 그런 만큼 **특수화**Besonderung에 대해서는 본래부터 아무래도 상관하지 않으며, 더불어 자기 자신의 전개에도 개의치 않는다. 종교도 마찬가지다. 발전한 것이든 미개한 것이든, 학문적 의식으로 성숙한 것이든 솔직한 믿음과 마음속에 담겨 있는 것이든, 모든 종교는 만족과 축복을 준다는 내포적 본성을 똑같이 지닌다. 〔그러나〕 사유가 이념의 **보편성**에 머물러 있다면——처음에 등장한 철학들(엘레아 학파의 **존재**Sein[22], 헤라클레이토스Heracleitos의 **생성**Werden[23] 등)에서는 그럴 수밖에 없었다——**형식주의**라는 비난을 받을 만하다. 좀 더 발전한 철학이라 해도, 가령 '절대자에게서 모든 것은 하나다', '주관과 객관의 동일성' 등과 같이 추상적인 명제나 규정들만을 파악하고 특수자에 관해서도 똑같은 규정들만 되풀이하는 일이 일어날 수 있다. 사유가 지닌 이 맨 처음의 추상적인 보편성을 고려한다면, 철학은 경험에 힘입어 **전개**될 수밖에 없다는 말은 정확하고 근본적인 의미를 갖는다. 한편으로 경험과학은 보편적인 규정과 유, 법칙 등을 발견하기에, 현상의 **개별성**들을 지각하는 데 머무르지 않고 사고함으로써 철학의 소재를 제공해왔다. 경험과학들은 위에서 말한 특수자로서의 내용이 철학에 받아들여질 수 있게끔 미리 준비해둔다.
한편 경험과학은 사유가 몸소 이러한 구체적인 규정들로 나아가기를 강요한다. 사유는 위와 같은 내용을 받아들이는 가운데, 여전히 들러붙어 있는 직접성과 주어진 상태를 지양하므로, 또한 자기 자신에서부터 **전개해간다고** 할 수 있다. 철학은 경험과학에 힘입어 자신을 전개해가면서, 이미 발견하고 경험한 현 사실을 증명하는 대신, 경험과학적인 내용에 사유의 **자유**(**선험성**)라는 가장 본질적인 형태를 부여하고 **필연성을 확증**해준다. 그리하여 현 사실은 사유의 근원적이며 완전히 자립적인 활동을 표현, 모사한 것이 된다.

§ 13

철학의 발생과 전개, 곧 **이 학문의 역사는 외면적인 역사** 특유의 모습으로 나타난다. 여기에서 이념의 전개 단계들은 **우연적인** 연쇄로 이루어진 형식, 가령 원리들이나 이에 대해 각 철학들이 하는 상론의 단순한 **구별성**으로 이루어진 형식을 띠게 된다. 그러나 수천 년에 걸친 이러한 작업의 총지휘자는 **하나의** 살아 있는 정신이다. 이 정신의 사유하는 본성이란 **그 자신이** 과연 **무엇인가**를 스스로 의식하는 것이자, 이렇게 자신의 본질이 대상화됨으로써 이미 그것을 넘어 고양되어 내적으로 더 높은 단계에 있음을 말한다. **철학의 역사**를 통해 다음을 알 수 있다. 즉 서로 다르게 보이는 철학들은 단지 상이한 형성 단계들에 있는 **하나의** 철학일 뿐이라는 사실이며 또 특수한 **원리들**——이 중 하나가 어떤 한 체계의 기초를 이룬다——은 다만 동일한 전체의 **지류**에 불과하다는 점이다. 시간상 가장 늦게 나온 철학은 선행하는 모든 철학들의 결과이며, 따라서 모든 철학의 원리들을 포함해야 한다. 그러므로 만일 이것이 달리 철학이라 불린다면, 가장 발달했으며 가장 풍부하고 구체적인 철학일 것이다.

상이한 철학들이 매우 많은 듯 보이지만, **보편**과 **특수**는 그 본래의 규정에 따라 구별되어야 한다. 보편이 형식적으로 이해되어 특수와 **나란히** 놓인다면, 그 자체 역시 어떤 특수한 것이 되고 만다. 만일 일상생활의 대상들에서 이렇게 보편과 특수를 나란히 놓는다면, 당연히 부당하고도 어색하게 보일 것이다. 가령 과일을 주문한 사람이 버찌, 배, 포도 등은 과일이 **아니라며** 거절할 때처럼 말이다. 그러나──마치 버찌는 과일이 아닌 양──매우 상이한 철학들이 있고 그 각각은 단지 **하나의** 철학일 뿐 철학 **자체**는 아니라고 하면서 얕보는 일이 철학에 관해서만큼은 정당화된다. 또 보편을 원리로 지닌 철학이 특수를 원리로 지닌 철학과 **나란히**, 아니 심지어 철학이란 결코 존재하지 않는다고 단언하는 학설들과도 나란히 놓이는 일이 있다. 이는 가령 빛과 어둠이 단지 빛의 **서로 다른** 두 종류를 가리킬 뿐이듯이, 보편을 원리로 삼는 것과 특수를 원리로 삼는 것 양자는 **다만** 철학의 **서로 다른** 조망일 뿐이라는 생각에서 나온 것이다.

§ 14

철학사에서 나타나는 것과 같은 사유의 전개가 철학 자체에서도 드러나는데, 이것은 앞서 말한 역사의 외면성에서 벗어나 **순수하게 사유의 요소 안에서** 제시된다. 자유롭고 참된 사상은 내적으로 **구체적**이며 따라서 **이념**이고, 그것의 완전한 보편성에서 보면 이념 **자체**, 즉 **절대자**이다. 이에 대한 학문은 본질상 **체계**를 이룬다. 왜냐하면 참된 것은 **구체적인** 만큼, 오직 자신 속에서 스스로를 펼쳐가고 한데 통일되어 결합해 있는 것, 즉 **총체성**이기 때문이며, 또 그 참된 것의 차이들을 구별하고 규정함을 통해서만 그 차이들의 필연성과 전체의 자유가 가능하기 때문이다.

체계 없이 철학한다는 것은 결코 학문적일 수 없다. 그런 식의 철학함이란 그 자체로 볼 때 오히려 주관적인 성향을 표현할 뿐만 아니라, 내용상 우연적이다. 내용이란 오로지 전체의 계기로만 정당화되며, 그렇지 않다면 근거 없는 전제나 주관적인 확신이 되고 만다. 많은 철학 저술들은 이런 식으로 단지 **신조**나 **사념들**만을 표명하는 것에 국한되어 있다.——**체계**를 다른 것들과 구별되는 어떤 제한된 **원리**로 구성된 철학이라고 이해한다면 이는 잘못이다. 오히려 모든 특수한 원리들을 자신 속에 포함하는 것이야말로 참된 철학의 원리이다.

§ 15

철학의 각 부분들은 하나의 철학적인 전체, 즉 자기 자신 속에서 완결된 하나의 원환Kreis이다. 그러나 여기에서는 철학적 이념이 특수한 규정성이나 요소들 속에 있다. 〔그런데〕 개별 원환은 내적으로 총체성이기에, 또한 자신의 요소가 지닌 한계를 뚫고 더 넓은 영역의 기초를 세운다. 그리하여 전체는 원환들로 된 하나의 원환으로 드러나며, 이러한 원환 각각은 필연적인 계기라 할 수 있다. 따라서 이 원환 고유의 요소들의 체계가 전체 이념을 형성하며, 이 이념은 각각의 개별적인 원환에서도 나타난다.

§ 16

백과전서로서의 학문은 자신의 특수한 부분들에 대한 상세한 전개를 통해서 서술되는 것이 아니라, 특수한 학문들의 시원과 기본 개념들에 국한될 수밖에 없다.

특수한 부분은 단지 하나의 개별화된 계기에 불과한 것이 아니라 그 자체가 총체성이어야만 뭔가 참된 것일 수 있다는 점에서, 하나의 특수한 학문을 구성하는 데 얼마나 많은 특수한 부분들이 필요한지가 정해져 있지 않다. 철학의 전체는 실로 **하나의** 학문을 형성하고 있지만, 이 학문은 몇몇 특수한 학문들로 구성된 하나의 전체로도 간주될 수 있다.——철학적인 백과전서는 다른 보통의 백과전서들과 구별된다. 후자는 대략 학문들의 **집합체**이어야 하는데, 이 학문들은 우연적이고 경험적으로 취해진 것들이며, 그중에는 단지 학문이라는 이름만 지녔을 뿐 보통은 지식의 모음에 불과한 것들도 있다. 이렇게 학문들이 외적으로 취해지기 때문에, 그것들을 집합체 속에 하나로 모으는 통일 역시 **외적인** 통일, 즉 일종의 **배열**이라 할 수 있다. 같은 이유에서, 게다가 자료들도 우연적인 성질을 가지는 까닭에, 이러한 배열은 하나의 **시도**에 지나지 않으며 항상 부적합한 측면들을 보여줄 수밖에 없다. 반면 철학적 백과전서는 ① 지식의 단순한 **집합체**——문헌학 같은 것이 이에 속한다——를 배제함은 물론이거니와 더 나아가 ② 가령 문장학Heraldik처럼 한낱 자의에 기초해 있는 학문들도 배제한다. 이와 같은 종류의 학문은 **철저히 실증적**

인 것이다. ③ 역시 **실증적**이라고 불리는 또 다른 학문들은 그래도 어떤 합리적인 근거와 시원을 가지고 있다. 이러한 구성 요소는 철학에 속하는 것이다. 그러나 이 학문들에는 **실증적인 측면**이 고유한 것으로 계속 남아 있다. 그것들의 실증성은 여러 종류다. ① 이 학문들은 보편자를 **경험적인 개별성**과 **현실** 속으로 끌어내려야 하기에, 그 자체에서는 합리적인 시원이 우연적인 것으로 바뀌어버린다. 이렇게 가변적이고 우연적인 영역에서는 **개념**이 아니라 단지 **근거들**만이 효력을 지닐 수 있다. 가령 법학이나 직접세, 간접세 체계의 경우 **정확한 최종 결정**이 필요한데, 이것은 **개념에 의해 즉자대자적으로 정해진 것** 바깥에서 이루어진다. 그리하여 이런 근거에서는 이렇게, 저런 근거에서는 저렇게 파악될 수 있는 어떤 규정의 폭이 허용되어 확실한 최종 결정을 내릴 수 없게 된다. 마찬가지로 **자연**의 이념도 개별화됨에 따라 우연적인 것들 속에서 흩어져 사라지게 되고, **박물학**, **지리학**, **의학** 등은 실존의 규정들, 즉 이성이 아닌 외적인 우연에 의해 유동적으로 정해진 종류와 차이들에 빠져 있다. **역사**도 여기에 속하는데, 그것의 본질은 이념이지만 그 현상은 우연적이며 자의의 영역에 있다는 점에서 그러하다. ② 또한 이러한 학문들은 자신의 규정들이 **유한함**을 인식하지도, 그것들과 그 전체 영역이 더 높은 단계로 옮겨감을 보여주지도 못하면서, 그 규정들을 순전히 타당한 것으로 받아들인다는 점에서 **실증적**이다. 첫 번째가 **질료**의 유한성이었다면 이것은 **형식**의 유한성인데, 여기에는 ③ **인식 근거**의 유한성이 결부되어 있다. 인식 근거란 더러는 추론을 가리키고 더러는 감정, 믿음, 다른 것의 권위, 요컨대 내적, 외적 직관의 권위 등을 말한다. 인간학, 의식의 현사실들, 내적 직관이나 외적 경험 등에 기초를 두고자 하는 철학 역시 여기에 속한다. (④) **학문적인 서술 형식**이야 여전히 경험적일 수 있다 해도, 현명한 직관을 통해서라면, 현상에 불과한 것을 개념의 내적인 연쇄에 따라 질서 있게 배열할 수 있다. 이러한 (직관에 의한) 경험학에서는, 한데 모아진 다양한 현상들이 대비됨으로써 **외적이고 우연적인 상태**의 조건들이 지양되고, 그리하여 **보편자**가 지각되기에 이른다.—— 신중하게 행해지는 실험물리학, 역사학 등은 이런 식으로 자연이나 인간사 및 행위에 대한 합리적인 학문을 보여주되, 개념을 비추는 외적인 형상에 담아 제시할 것이다.

§ 17

철학이 취해야 하는 **시원**에 관하여 대개는 철학 역시 다른 학문들과 마찬가지로 주관적인 전제에서 출발한다고 여긴다. 다시 말해 다른 학문의 경우 공간이나 수 등을 대상으로 삼듯이 철학도 하나의 특수한 대상, 즉 **사유**를 사유의 대상으로 삼아야 하는 양 보인다. 그러나 자기 자신에 대해 존재하고 이로써 **자신의 대상을 몸소 산출하여 제공**하는 입장에 서는 것이야말로 사유의 자유로운 활동이다. 이렇게 **직접적인** 듯이 보이는 입장은 더 나아가 철학 내에서 **결과**가 되어야 하며, 그것도 궁극적인 결과가 되어야 한다. 여기에서 철학은 다시 자신의 시원에 도달하며 자신에게로 되돌아가게 된다. 이렇듯 철학은 자신에게 회귀하는 원환임이, 즉 다른 학문의 의미에서라면 어떤 시원도 갖고 있지 않은 것임이 드러난다. 따라서 그 〔다른 학문들에서와 같은〕 시원은 단지 철학하고자 결심하려는 주체와 관계할 뿐 학문 자체와는 무관하다. 같은 말이지만 학문의 개념은 학문 자체에 의해 파악되어야 하며, 따라서 〔시원으로서의〕 그 최초의 개념 또한 학문 자체에 의해 파악되어야 한다. 이것은 최초의 것이기에, 사유가 (흡사 외적인) 철학하는 한 주체에게서는 대상이 된다는 분리를 내포한다. 더욱이 학문의 개념의 개념〔시원으로서의 개념〕에 도달하고 그렇게 자신에게 회귀하여 만족을 얻는 것이야말로 학문의 유일한 목적이자 행위이고 목표인 것이다.

§ 18

오직 학문의 **전체**를 통해서만 이념이 서술되기에, 철학에 관한 어떤 잠정적이고 일반적인 표상을 제공하기란 불가능하다. 마찬가지로 철학의 분류 역시 그 이념을 서술함으로써만 비로소 파악될 수 있다. 철학의 **분류**는, 그것이 행해지는 근거인 이념처럼 뭔가 선취된 것이다. 그런데 이념은 순전히 자기 동일적인 사유이며 동시에 이 사유는 자신에 대해für sich 독자적으로 존재하기 위해서 자기 자신과 대립하는 활동이자, 이 타자 속에서 오직 자기 자신에 머물러 있는 활동임이 드러난다. 따라서 철학은 3부로 나뉜다.

I. 즉자대자적인 이념의 학문으로서의 논리학,

II. 타자 존재 내에서의 이념의 학문으로서의 자연철학,

III. 타자 존재에서 자신에게로 되돌아온 이념으로서의 정신철학.

앞의 §15에서 언급한 대로 특수한 철학 학문들의 차이는 이념 자체의 규정들일 뿐이며, 이념은 다만 서로 다른 요소들 속에서 스스로를 드러내는 것이다. 자연에서 인식되어야 할 것은 오직 이념뿐이지만 이 이념은 **외화**Entäußerung라는 형식을 띠고 있다. 또 정신에서 바로 그 이념은 **자신에 대해 존재하는 것**이자 **즉자대자적인 것으로 되어가는 것**이다. 이념이 현상하는 이와 같은 규정들은 각각 동시에 하나의 **흘러가는** 계기라 할 수 있다. 따라서 개별 학문은 자신의 내용을 **존재하는** 대상으로 인식하는 것이면서, 또 바로 그 대상에서 자신의 내용이 더 높은 영역으로 옮겨감을 인식하는 것이기도 하다. 그러므로 **분류**란 특수한 부분이나 학문들을, 마치 이것들이 **종**(種)처럼 멈춰 있을 뿐이며 구별될 때 실체적으로 되는 양, **서로 나란히** 세워놓는 것이라는 **표상**은 옳지 않다.

해제

사유와 존재, 이성적인 것과 현실적인 것의 변증법

1. 헤겔의 생애와 사상

역사상 저명한 인물들은 대부분 사상이나 공적인 업적만큼이나 사적인 생활에서도 주목을 끌 만한 요소들이 많아 종종 화제가 되곤 한다. 이는 단순히 우리의 세속적인 관심을 만족시켜줄 뿐만 아니라 한 인물에 좀 더 깊이 있고 다층적으로 접근할 수 있게 해준다. 그러나 이런 점에서 게오르크 빌헬름 프리드리히 헤겔Georg Wilhelm Friedrich Hegel은 비교적 평탄하고 지극히 모범적인 삶을 보여주었기 때문에 생애에 관한 한 그다지 흥미로운 논란거리를 발견할 수 없다는 것이 이제까지의 일반적인 생각이었다.

그러나 1770년에서 1831년이라는 그의 생존 시기가 역사상 어떤 의미를 가지는 시대인지를 고려해보면, 우리는 헤겔의 생애를 접어둔 채 그의 철학을 이해할 수 없음을 깨닫게 된다. 다시 말해 서구 역사상 가장 광범위한 영역에 걸쳐 가장 심도 있는 변화를 불러왔던 그 시대에 헤겔이 과연 어떤 경험을 거치며 성장했고 어떤 환경에서 자신의 사상을 형성, 전개했는가를 아는 것은 바로 그가 《법철학 강요*Grundlinien der Philosophie des Rechts*》 서문에서 밝힌 "사유 가운데서 파악된 시대"인 그의 철학을 올바르게 이해하는 데 적지 않은 도움을 줄 것이다.

헤겔은 횔덜린과 베토벤이 태어난 1770년, 8월 27일 뷔르템부르크 주의 슈투트가르트에서 태어났다. 그의 가문은 본래 케르텐 주에 자리잡고 있었는데, 프로테스탄트 신앙을 지녔다는 이유로 내몰려 뷔르템부르크 주로 이주해왔다. 그의 아버지는 궁정의 회계 일을 하는 관리였으며, 어머니는 풍부한 교양을 갖추고 있어 헤겔에게 정신적으로 많은 영향을 미쳤다. 장교였던 헤겔의 남동생 게오르크 루트비히는 젊은 나이에 세상을 떴고, 여동생 크리스티아네는 우울증에 시달리다 헤겔이 죽은 이듬해에 자살했다.

헤겔은 이미 세 살 때 학교 수업을 시작하여 다섯 살에 라틴어 학교, 일곱 살에 김나지움에 입학했다. 매우 우수한 성적에 모범적인 생활 태도를 갖춘 학생이었던 헤겔은 가정 교사 빌란트의 권유로 셰익스피어를 읽었으며, 아리스토텔레스, 키케로Cicero 등의 고대 문헌들과 계몽주의에 기반하고 있던 당시의 철학적, 교육학적, 종교적, 역사적 논의에 두루 관심을 가졌다. 그러나 한창 감수성이 예민하던 청소년 시절의 헤겔을 감화시키고 이후 사상을 형성하는 데까지 지속적으로 영향을 미쳤던 것은 무엇보다도 흔히 '질풍노도의 시기'라 일컬어지던 당시의 뛰어난 문학 작품들이었다. 실제로 레싱Gotthold Ephraim Lessing의 《현인 나탄*Nathan der Weise*》은 주로 종교에 대해 논하는 헤겔의 초기 저작에 종종 인용되고 있으며, 실러J. C. F. von Schiller와 괴테의 여러 작품들, 특히 《타우리스 섬의 이피게니*Iphigenie auf Tauris*》는 헤겔 사상의 터전이 마련되는 데 지대한 영향을 미쳤다. 나아가 괴테에 의해 완성된 독일 고전주의와 이에 맞서 슐레겔 형제, 노발리스, 횔덜린 등과 같은 젊은 세대들이 보여준 낭만주의적 반항이 어우러져 날로 풍부해져가는 시대 교양 속에서 헤겔은 자신의 철학을 위한 자양분을 정열적이고도 사려 깊은 자세로 마음껏 섭취했다.

사실 소년 시절부터 '애늙은이'라는 소리를 들을 정도로 지나치게 꼼꼼하고 차분했던 헤겔은 이러한 자세를 후에 철학함의 방법에까지 이어간다. 이전 철학자들의 원전들을 치밀하게 정리하고 그들의 사유 속에 깊이 천착해 들어가 충실하게 이해하는 가운데 그 긍정적 의미를 살려내는 동시에 한계를 밝혀내는 것, 그리하여 좀 더 진전된 학문의 입장으로 나아가는 것, 이후 헤겔 자신의 저작에서 확인되는 이러한 철학함의 태도를 다진 곳은 바로 튀빙겐의 신학교였다. 이곳에서 헤겔은 멀리서나마 프랑스 혁명을 지켜봤고, 평생의 지기인 횔덜린과의 우정을 키워나갔으며, 다섯 살 아래의 셸링 F. W. J. von Schelling이 보여주는 천재성에 자극받았다. 그러나 이 시기에 헤겔은 학업에서 기대만큼 탁월함을 발휘하지 못했다. 여러 가지 이유가 있을 수 있겠으나, 지나치게 엄격한 신학교의 규율에 대한 불만이라든지 결국 불발로 끝난 연애에 지나치게 열중한 점 등을 지적할 수 있을 것이다. 여하튼 그가 신학교의 중압감에서 일시적으로나마 벗어나기 위해 술, 체스, 승마 등에 탐닉했다는 사실은 답답하고 고루하다고만 알려진 헤겔의 또 다른 면모라 할 수 있다.

그러나 이러한 단편적인 사생활 이상으로 우리의 주목을 끄는 점은 헤겔이 열아홉의 나이에 맞이한 프랑스 혁명이 그에게 어떤 영향을 미쳤는가이다. 16세기부터 서서히 조짐이 보이기 시작한, 봉건제에서 시민 사회로의 이행은 '구제도 ancien régime'에 대한 프랑스 민중들의 강렬한 저항에 의해 질적인 전환을 이루게 된다. 이웃 나라에서 벌어진 이 역사적인 사건에 대해 독일의 많은 지식인과 예술가들은 열렬한 지지를 보냈으며, 이는 곧 이성과 자유에 대한 굳건한 신뢰에 기반한 독일관념론 철학의 흐름에 든든한 배경이 되었다. 실로 그들은 프랑스 혁명을 단순히 정치적인 사건이 아니라 삶의 구체적인 맥락 속에서 바라보았으며 바로 독일의 역사적 행보를 위한 단초로 여겼다.

이와 관련하여 가장 두드러진 활동을 벌인 지식인으로는

횔덜린, 셸링, 헤겔 등을 들 수 있다. 이들은 프랑스 혁명에 대해 열광에 가까운 지지를 보내면서 상세한 과정을 독일에 알리면서 독일 민중들을 이성과 자유의 길로 인도해줄 철학을 자신들의 과제로 삼았다. 헤겔은 그 가능성을 우선적으로 루소Jean-Jacques Rousseau의 사상에서 발견했다. 그는《에밀》과《사회계약론》등을 탐독하면서 한 민족의 정신적인 생활에서 종교가 갖는 중요한 기능에 대해 연구했으며, 이를 '민족종교'라는 개념으로 발전시켰다.

헤겔의 정신적 발전 과정에서 지대한 역할을 한 또 하나의 요소는 고대 그리스의 사상과 예술이었다. 그는 특히 플라톤이나 소포클레스 등을 탐구하면서 민족과 사회의 이상을 형성해나갔다. 근대의 온갖 분열된 상황과 달리 삶의 근원적인 총체성을 보존하고 있는 아름다운 공동체에 대한 이상을 헤겔은 단순한 전형으로 저 높은 곳에 설정해둔 것이 아니라, 당대의 시대 정신과 관련하여 내밀한 접합점을 찾고자 노력했다. 이와 더불어 그는 점차 칸트, 야코비, 피히테 등 당대의 주요한 철학들에 천착하기 시작했다.

스물셋에 교수가 되어 천재의 명성을 떨친 셸링 같은 이와 비교한다면, 헤겔은 그다지 두드러진 출발을 보인 것은 아니다. 학업을 마친 후 거의 10년간을 가정교사로 조용하게 파묻혀 지낸 것을 보면 알 수 있다. 그는 1801년에 이르러서야 셸링 덕분에 예나에 입성하게 된다. 실로 예나는 헤겔의 학문적인 도정에서 하나의 기점을 이루는 도시로, 바로 이곳에서 그의 엄청난 저작들의 출발점을 이루는 〈피히테와 셸링의 철학 체계의 차이Differenz des Fichteschen und Schellingschen Systems der Philosophie〉(1801)가 발표된다. 이 논문에서 헤겔은 피히테를 대표로 하는 이제까지의 주관적 관념론을 셸링의 절대적 관념론이 어떻게 극복하고 있는가를 밝히는 동시에 이후 자신의 철학의 기본 방향을 제시하고 있다. 즉 철학과 삶 사이의 관계에 대한 통찰에서 이른바 '철학의 욕구'를 간파했으니, 근원적인 통일의 힘이 인간의 삶에서 사라지고 인간 내적으로나 외적으로나 살아 생동하는 관계를 더는 경험하기 힘든 상황 속에서 이러한 분열이야말로 철학의 욕구의 원천이라는 것이다. 이런 의미에서 헤겔의 전 사상을 관통하는 중심 과제는 단순히 형식적인 가능성을 넘어선 주체와 객체의, 사유와 존재의 본질적인 통일을 철학적으로 해명하는 일이 될 수밖에 없었다.

헤겔은 예나에서 사강사의 신분으로 논리학, 형이상학, 자연철학, 정신철학 등을 강의하면서 자신의 철학 체계의 윤곽을 잡아갔다. 그는 세련되고 유창한 강의에는 재주가 없었지만 현실에 대한 깊은 이해에 바탕을 두고 세계의 본질에 대해 성실하게 천착해들어가는 학문적인 태도만큼은 많은 학생들의 경외심을 불러일으키기에 충분했던 것 같다. 그러나 전적으로 학생들의 수업료에만 의존하여 생활해야 하는 강사 신분의 궁핍함과 불안감 때문에 그는 예나를 떠나게 되었다. 여기에는 또 하나의 외적인 상황이 작용했으니 바로 나폴레옹을 앞세운 프랑스군이 독일을 침략한 사실이다. 일찍이 프랑스 혁명에 대해 그토록 감격해 마지 않았던 헤겔로서는 매우 혼란스런 상황이었음이 분명하며, 이러한 불안과 혼돈 속에서 그는 주저 가운데 하나인 《정신현상학*Phänomenologie des Geistes*》(1807)의 집필에 몰두했다.

예나에서의 학문 생활을 마감한 후 헤겔은 친구이자 후견인인 니트함머Niethammer의 주선으로 〈밤베르크 신문〉의 편집장 일을 맡았다. 이 일에서 헤겔은 한편으로 학문적 성장을 위해 투자할 수 있는 시간적 여유를 갖기를 바랐으며, 다른 한편으로는 대중과의 적극적인 만남을 통해 철학의 실천적 의미를 실현할 수 있으리라고 기대했다. 그러나 막상 일을 하면서 부딪치게 된 당국의 심한 검열은 헤겔에게 큰 실망감을 안겨주었다. 그리하여 1808년 뉘른베르크에 있는 김나지움의 교장이 될 수 있는 기회가 찾아왔을 때 그는 주저하지 않고 받아들였다.

헤겔은 8년이라는 상당히 오랜 기간 동안 뉘른베르크에 머물면서 학문의 발전 과정상 크게 도약하게 된다. 그는 한편으로 김나지움의 교육자로서 철학을 전공하지 않는 어린 학생들에게 '이성의 학문으로 만인을 위해 존재하는' 철학을 가르치는 데 심혈을 기울였으며, 다른 한편으로는 이미 《정신현상학》을 통해 발걸음을 떼어놓은 자신의 철학 체계를 더욱 구체화했다. 그것은 바로 체계의 실질적인 기초라 할 《논리학*Wissenschaft der Logik*》의 집필이었다. 헤겔이 처음으로 가진 번듯한 직장과 결혼으로 인한 안정된 생활 속에서 태어난 《논리학》은 그만큼 견고하고도 풍부한 함의를 지닌 저작이다. 《논리학》은 이미 5년 전에 출간되었던 《정신현상학》의 최종 결과물인 절대적 앎을 직접적인 출발점으로 삼아 현실의 모든 존재와 운동 과정을 논리적 개념의 체계로서 사변적으로 파악해냄을 목표로 삼았다. 사물의 본질인 동시에 우리의 사유에 대해 존재한다는 의미에서 그 자체로 주체와 객체의 통일을 드러내는 개념의 운동 방식이 바로 변증법인데, 이것은 《논리학》의 철학적 방법인 동시에 내용을 형성한다.

헤겔이 자신의 학문의 도정에서 거두어들인 이 충실한 열매는 바로 그가 그토록 열망하던 대학의 교수직을 안겨주었다. 여기저기에서 그를 교수로 초빙하려는 제안이 있었으나, 1816년 마흔여섯의 헤겔이 선택한 곳은 하이델베르크였다. 사실 헤겔은 이곳에 오래 머무르지 않고 3년 만에 베를린으로 옮겨갔으나 짧은 기간 동안 논리학, 형이상학, 철학사, 미학 등 왕성한 강의 활동을 펼쳤다. 특기할 만한 것은 이 시기에 《철학적 학문의 백과전서 강요*Enzyklopädie der philosophischen Wissenschaften im Grundrisse*》(《철학백과》를 말한다)라는 제목 아래 하나의 완결된 학문의 체계를 서술했다는 사실이다. 논리학, 자연철학, 정신철학의 세 부분으로 구성되어 있는 이 저작을 통해 헤겔은 비로소 모든 앎의 영역을 포괄하기에 이르렀다. 이것이 '강요(綱要)'의 형태를 띠게 된 것은 무엇보다도 학생들의 강의 교재를 만들겠다는 애초의 의도 때문이었다. 따라서 헤겔이 예전부터 기획하고 있었던 철학 체계에 비하면《철학백과》는 너무 간략하다는 느낌이 없지 않으나, 헤겔 철학의 전체 구조를 가장 쉽게 파악할 수 있는 저작으로 손꼽힌다.

1818년 베를린으로 옮겨간 후 사망할 때까지 헤겔은 전성기를 맞이했다. 문교부 장관 알텐슈타인과 군주인 빌헬름 3세의 비호 속에 헤겔은 프로이센 국가 철학자의 자리에 오른다. 이로 인해 그는 안정적으로 학문 활동에 전념할 수 있게 되었으나, 또한 그만큼 오늘날까지도 계속되고 있는 오명, 즉 '독일의 철학적 독재자', '프로이센 왕정 복고 정신의 학문적 근거'라는 비판을 불러들이게 된다. 실로 당시 독일의 상황은 조용히 연구에 전념한다는 것 자체만으로도 반동적이라는 비난을 받기에 충분할 정도로 격동의 시기였다. 나폴레옹이 권좌에서 밀려난 후 서서히 일어난 왕정 복고의 움직임에 대한 저항이 독일에서도 날로 거세지고 있었으며 급기야 대학생 조합이 결성되어 강력한 통일 독일을 건립하고자 격렬한 투쟁을 전개하고 있었다. 이러한 시대의 소용돌이 속에서 헤겔은 조용히 강의 준비에 열중하고 있었던 듯하나, 사실 그는 자신의 과제를 분명하게 인식하고 있었다. 즉 민중이 열망하고 있는 하나의 강력한 국가로서의 통일된 독일을 정신적으로 인도하기 위해서는 법과 국가에 관한 철학이 무엇보다 시급하다고 생각하고 여기에 집중했던 것이다. 또 한 가지 상기해야 할 사실은 앞서 말한 것과 같은 대학생들의 저항 운동에 헤겔이 공개적으로 적극 동참한 것은 아니지만, 나름의 방식으로 그들을 지지했다는 점이다. 이는 그 학생들 중 상당수가 헤겔의 강의를 들으면서 철학의 현실성을 모색해나갔다는 사실에서 드러난다.

헤겔이 늘 경계했던 것은 '직접적인 지각과 우연한 상상에 기초를 둔' 철학이 화려하게 치장하고 요란스럽게 떠들어대는 일이었다. 헤겔은 처음부터 줄곧 자신이 옳다고 생각한 방식으로 자유를 위해 싸워나갔다. 예컨대 그의 많은 제자들이 정치적으로 연루되어 위기에 처했을 때 그들의 정당성을 입증하는 데 적극적으로 나섰고, 늘 억압받는 자들의 편에서 충고와 격려를 보냄으로써 그들의 든든한 정신적, 사상적 버팀목이 되어주었다. 당시 정치 운동에서 드러난 국수주의적인 민족주의와 반(反)합리주의의 조짐을 헤겔이 엄중하게 비판했던 것 역시 이러한 맥락에서 이해되어야 할 것이다. 종종 만년의 헤겔이 지닌 보수성과 반동적인 성향의 체계화라고 비판받아온 그의 법철학과 국가 철학에서조차도 사실은 그와 정반대의 내용들이 확인됨을 지금 이 자리에서 일일이 논증할 수는 없겠지만, 분명한 사실은 그가 입헌군주국을 가장 바람직한 국가 형태로 주장했을 때 염두에 두었던 것은 결코 반동적인 왕정 복고가 아니라 오히려 급증하는 시민 사회의 시대적인 요구에 부합하는 국가 형태를 반영한 것이라는 점이다. 다시 말해 헤겔은 개인의 주관적인 자유 의지와 권익은 비판적인 이성의 척도와 보편적인 법에 의해 지배되는 국가 속에서 실현되고 보호되어야 한다고 주장했다. 그러나 실로 냉혹한 시민 사회의 경쟁 관계 내에서 공동체적인 이익과 개인의 참된 자유의 조화라는 것이 가능할까? 과연 국가와 법의 강력한 힘을 통해 시민 사회의 이성과 자유가 확립될 수 있는 것일까?

우리는 적지 않은 회의와 체념의 흔적을 헤겔 스스로에게서도 발견할 수 있으며 1831년 헤겔이 죽은 이후 현재까지의 역사적 흐름을 볼 때도 숱한 의구심을 감출 수 없음이 사실이다. 그러나 그의 역사 철학에서 드러나듯, 인류의 역사는 우연한 영웅적인 행위나 사건들이 아니라 엄밀한 내적 필연성(이성, 세계 정신)에 의해 움직인다. 개별적인 인간과 사회 속에서 산출되고 또 지양되는 이 세계 정신에 의해 인간은 온갖 제약과 충돌에서 벗어나 점차 자유와 해방을 향해 나아간다. 바로 인간 자신의 행위에 의해, 의식적이든 무의식적이든 끊임없이 낯설고 새로운 것들을 창출함으로써 기존의 것을 부정해가는 인간의 자유로운 행위 그 자체 속에서 세계 정신은 구체화되고 있다. 그렇다면 헤겔 스스로가 성취한 결실과 또한 그가 남겨놓은 무수한 난제와 회의의 요소들 역시 끊임없이 생성하고 있는 과정인 전체 속에 있는 것임에 틀림없기에, 아마도 헤겔은 우리가 거기에 머물러 있기를 바라지 않을 것이다.

2. 《논리학》과 《철학백과》의 탄생 배경

칸트에서 피히테, 셸링, 헤겔로 이어지는 독일관념론의 역사는 프랑스 혁명을 통해 분수령에 이른 계몽이라는 큰 흐름 속에서 이해되어야만 한다. 실로 그들의 공통 목표는 국가와 사회를 이성적인 토대 위에 건립함으로써 개인의 자유·권익과 조화시키려는 것이었다. 이러한 관념론 철학은 혁명의 이념을 배경으로 하며, 아니 이것이야말로 관념론 철학의 개념과 체계 일반을 근본적으로 규정하는 것이다.

프랑스 혁명은 봉건적인 절대 왕권을 폐지하고 부르주아 계급이 주도하는 새로운 정치, 경제 체제를 수립함과 동시에 개인을 온갖 구속에서 해방시켜 삶의 자율적인 주체로 설 수 있게 함으로써 근대적인 주관성을 확립했다. 이제 인간은 어떤 외적인 힘에 의해 좌우되는 것이 아니라 자신의 자유로운 이성 활동을 통해 세계와 관계를 맺으며 그 속에서 스스로의 이상을 실현해나갈 수 있게 되었다. 이런 의미에서 세계는 이성의 질서로 파악될 수 있으며 이것이 바로 관념론 철학의 전제이자 목표인 것이다.

당시의 사회, 경제적 상황을 특징짓는 가장 확실한 징표는 자본주의 산업 사회의 성장이다. 날로 발전해가는 산업 생산이 인간의 욕구를 충족시킬 수 있는 온갖 수단들을 제공해줌으로써 이성의 실현을 위한 기초가 되어주리라는 데 이의를 제기하는 사상가는 거의 없었다. 그런데 경제적으로나 정치적으로나 독일의 상황은 분명 영국이나 프랑스에 비해 훨씬 뒤처져 있었다. 여전히 잔존해 있는 봉건 체제 내에서 독일의 부르주아 계급은 이런저런 형태로 산재해 있었으나 통일적인 힘을 발휘하기에는 역부족이었다. 이러한 현실 속에서 독일은 프랑스가 자유의 실현을 경험하고 있는 동안, 우선 이념으로서의 자유에 천착하여, 철학 영역에서 이성적인 세계를 건립하고자 노력하게 된 것이다.

이러한 연관 하에 헤겔 철학의 '이성' 개념과 여기에서 도출된 '주체', '정신', '자유' 개념은 모두 자유롭고 합리적인 삶의 실현을 성취하기 위한 실천적인 노력을 내포하고 있다. 헤겔이 보기에 프랑스 혁명에 의해 성취된 역사의 대전환이란 인간이 자신의 존재의 중심인 이성적 사유가 바로 '현실 세계를 구축하는 원천'임을 인식하게 되었다는 데에서 성립하는 것이다. 이제 인간은 자신의 사상을 이미 주어진 세계의 질서나 어떤 지배적인 힘에 단순히 맞추고 그 안에 안주하는 것이 아니라, 자신의 자유로운 이성이 요구하는 바에 따라 현실을 조직함으로써 스스로를 실현해나가게 되었다. 결코 순탄하지만은 않을 이 과정이 바로 인류의 역사이며, 아직은 비이성적인 현실을 이성의 기준에 따라 변혁해가는 것이야말로 모든 인간 행위의 방향을 결정짓는 척도이다. 이런 의미에서 헤겔은 프랑스 혁명의 궁극적인 의의를 '사유가 현실을 지배해야 함'을 천명했다는 데서 찾았던 것이다.

물론 이때의 사유란 어떤 뛰어난 개인의 막강한 힘으로서의 주관적 능력을 의미하는 것이 아니다. 이성적 사유가 현실을 지배할 수 있게 되는 열쇠는 사실 현실 자체에 있으며, 주체가 자연이나 역사 같은 구체적인 현실 속으로 침투함으로써 비로소 드러나게 되는 현실의 이성적 특성은 곧 주체의 실현이기도 한 것이다. 이것이 바로 헤겔이 《정신현상학》에서 모든 존재를 주체와 실체의 통일로 파악했을 때 담고자 했던 의미이며, 여기에서 출발하여 '주체로서의 실체'의 논리적 구조와 그 운동 과정 자체를 서술한 것이 바로 《논리학》이다. 여기에서 주체는 단순히 대상을 인식하는 의식적 자아가 아니라 존재의 양식 그 자체, 즉 모순적인 힘의 통일체로서 스스로를 전개해가는 운동 과정 중에 있는 모든 존재양식을 말한다. 외적인 세계만이 아니라 자기 자신의 가능성까지도 개념적으로 파악할 수 있고 그것을 실현할 수 있을 때, 비로소 이성과 현실은 통일에 이른다.

철학사 내적으로 살펴보면, 현실과 이성의 통일을 이상에서 구하는 독일관념론의 태도는 영국 경험론에 대한 반발에서 나온 것이기도 하다. 고대 그리스의 아낙사고라스가 이성이 세계를 지배한다고 말한 이래로 인간의 모든 정신적 작업은 보편적이고 필연적인 법칙과 개념들을 확립함으로써 세계의 진리를 인식하려는 노력에서 시작되었으며, 이 길을 인도하는 임무는 언제나 철학에게 맡겨졌다. 여기에는 우리가 일상적으로 경험하는 다양한 현상 세계는 단지 우연적이고 일시적인 것일 뿐 진리와는 거리가 멀다는 견해가 바탕에 깔려 있다.

그렇다면 일상생활에서 자신의 삶을 꾸려가고 있는 구체적인 개별자인 인간 주체는 어떻게 보편적이고 합리적인 질서를 확립할 수 있을까? 이에 대한 경험론자들의 답은 부정적이다. 그들은 인간의 이성에서 비롯된 개념이나 법칙을 통해서는 보편성이 도출될 수 없으며, 따라서 이성적 사유가 세계를 지배한다는 것도 헛된 자만심에 불과하다고 주장한다. 이는 실로 이제까지의 모든 형이상학적인 시도들의 기반을 뒤흔드는 것으로, 인간은 주어진 현사실성을 뛰어넘을 수 있는 권리를 박탈당했다. 이렇게 되면 우리는 관습처럼 주어져 있는 질서에 그저 순응할 수밖에 없으며, 세계 인식의 원리는 심리적 구조의 작용에 의해서만 해명될 수 있다.

그러나 본성상 우연적이고 개별적인 심리적 경험을 통해 보편성을 확립한다는 것은 불가능한 일이며, 실제로 경험 그 자체는 경험적인 질료를 조직하고 구성하는 수단과 방법을 입증할 수 없다. 경험론이 처한 이러한 난국을 칸트는 한편으로는 경험만이 이성 개념에 자료를 제공한다는 경험론자들의 견해를 인정하면서도, 그것의 구성 원리는 전적으로 인간의 정신 능력에 속해 있는 것이지 경험에서 생겨나는 것이 아님을 입증함으로써 해결하고자 했다. 즉 칸트에게서는 경험 자체가 이성의 산물이 된다. 이른바 '선험적 의식'이라고 하는 주관의 공통된 정신 구조에 의해 객관 세계는 보편적이고 필연적인 질서로 파악될 수 있으며, 이는 또한 주관의 통일성을 위한 기초가 되기도 한다. 그러나 결정적인 순간에 칸트는 물러서고 만다. 그가 말한 선험적 의식의 형식은 주관적인 이성이나 경험에는 타당할지 모르나, 그 인식의 대상은 어디까지나 현상 세계로 제한될 뿐이며 그 너머 저편에는 이른바 '물자체'의 영역이 남아 있게 된다. 모든 감각적 경험을 발생시키는 본질적 근원인 물자체가 이성 능력의 바깥에 남아 있는 한, 이성은 현실의 객관적 구조를 포착할 수 없는 한낱 주관적이고 형식적인 원리에 머무르게 된다. 이리하여 세계는 주체와 객체, 자유와 자연, 사유와 존재라는 두 영역으로 분열되고 말았다.

이론적으로나 실천적으로나 근대를 특징짓는 이와 같은

분열의 상황은 단순히 인식론적으로 해결될 수 없는 것임을 헤겔은 잘 알고 있었다. 따라서 헤겔은 존재의 본질적인 조건으로서의 분열과 대립을 극복하고 잃어버린 통일성과 총체성을 회복시킬 원리를 입증하는 것을 철학의 핵심적인 과제로 삼았다. 이 원리는 물론 그의 이성 개념에 바탕을 두고 있으며, 사유의 형식일 뿐만 아니라 스스로를 실현하기 위해 운동하고 있는 현실적인 모든 존재의 형식이기도 한 이성을 개념과 범주들의 전개 과정 속에서 해명하고 있는 것이 바로 헤겔의 《논리학》이다. 여기서 말하는 개념이나 범주들은 형식논리학에서처럼 단순히 고정되어 있는 주관적인 사유 형식이 아니라, 역동적인 현실 속에서 사유에 의해 파악된 존재 양식을 가리킨다. 이 이성으로서의 현실은 사실로 주어진 것을 끊임없이 부정함으로써 자신의 모든 한계를 넘어서 기존의 것과는 다른 것으로 되어가는 과정, 한층 더 고차적인 존재의 실현으로 나아가는 운동 과정 그 자체이며, 이것이 바로 모순으로 가득한 이 세계를 해명하는 동시에 극복하기 위해 헤겔이 제시한 변증법의 원리인 것이다.

1812년, 1813년, 1816년 세 차례에 걸쳐 출간된 헤겔의 《논리학》은 충분히 무르익은 사유의 결실로, 그의 저작들 중 가장 장엄하고 위대한 것이라 할 수 있다. 독일 관념론의 사상사적 흐름을 잘 밝혀준 크로너Richard Kroner의 표현에 따르면, 그것은 실로 '이제까지 만들어진 것 가운데 가장 위대한, 사상의 예술작품'인 것이다.《논리학》은 발전사적으로나 체계상으로나《정신현상학》과 긴밀하게 연결되어 있다. 왜냐하면《정신현상학》은 주관의 의식이 절대적 앎의 단계로 고양되어가는 과정을 서술한 것으로, 그 단계에 이르면 이제 로고스 자체의 체계적인 전개가 가능해진다. 이는 주체와 객체, 의식과 대상 사이의 대립은 뒤에 남겨둔 가운데 '그 현존재의 순수한 요소 속에서', 즉 '순수 사상'의 요소 속에서 이루어지기 때문이다. 따라서 헤겔은 이미 1806년에 현상학과 논리학을 '사변철학'이라는 제목 하에 하나로 묶어 강의하면서 현상학의 결론에서 획득된 '절대적 앎'이라는 개념에서 논리학의 첫 번째 개념인 '순수 존재'로의 이행을 목표로 삼았다. 이제 우리의 유한한 이성과 절대적 이성 사이의 대립은 극복되었기에, 서술되어야 할 것은 의식의 대립에서 해방되어 있는 사물 자체의 '본질'인 것이다.

존재론, 본질론, 개념론 세 부분으로 구성되어 있는 헤겔의《논리학》은 보통의 논리학과는 완전히 다르다. 후자는 형식적이고 주관적인 사유에 관한 이론인 반면, 헤겔의 논리학 개념들은 절대자 자체의 범주, 즉 그 자체로 모든 존재자의 범주인 것이다. 그것은 주관과 객관의 대립을 극복한 절대 이성의 '순수한 본질성'의 체계를 담고 있는데, 이 체계는 모든 인식과 자연적, 정신적 현실성의 굳건한 지반을 이루고 있다. 이제 사유는 근원적으로 자신에 선행해 있는 토대로 되돌아간다. 따라서 논리학은 보편적인 근본 학문으로, 내용상 포괄적인 존재론이라 할 수 있는 범주 체계를 서술하며 이 가운데서 단지 근대의 역사만이 아닌 형이상학의 전 역사를 보여준다.

형이상학의 맥락에서 논리학을 이해하기 위해서는 다음의 사실이 지적되어야 한다. 즉 우리가 헤겔의 《논리학》을 형이상학으로 특징지을 때 주의해야 할 것은, 이것이 결코 라이프니츠G. W. von Leibniz나 볼프의 존재론, 다시 말해 자신 속에서 이미 다 마무리되어 독자적으로 존립하는 객체로서, 사유와의 연관이 필요없는 존재자에 대한 이론이 아니라는 사실이다. 오히려 헤겔의 형이상학적 논리학은 칸트의 초월논리학을 관통하고 있으며 고대의 존재론을 비판함으로써 완성된 것이다. 인식과 사유는 존재자의 세계 바깥에서 이루어지는 것이 아니라, 그 안으로 편입되며 바로 이 때문에 주관성에서 해방될 수 있다. 그리하여 형이상학으로서의 논리학은 맞물려 있거나 나란히 있는 존재 형식들로 이루어져 그 자신 속에 안주해 있는 구조에 대한 서술이 아니라, 이성이 정신으로서 또 이와 동시에 정신이 이성 속에서 개념 파악되고 투명하게 드러남으로써 절대 정신이 자기 자신에 이르는 로고스의 전개라 할 수 있다. 따라서 《논리학》 초판 서문에 나오는 "그 진리 가운데서 이성은 정신이다"[24]라는 테제는, 논리학은 그 자체로 정신의 형이상학이며 형이상학은 그 자체로 논리학이라는 의미로 이해되어야 한다. 형이상학과 논리학의 통일이라는 헤겔 철학의 중심 사상은 바로 《논리학》의 근본 과제인 만큼 서문과 서론에서 상세히 제시되고 있다.

《철학백과》는 헤겔이 하이델베르크에서 지내던 시절의 주저이다. 이 저작은 처음에 1817년 강의를 위해 '강요'라는 집약된 형태로 출간되었기 때문에 지극히 간략하고 다소 모호하게 설명되어 있다. 그러나 이것은 좀 더 광범위한 독자층을 위해서 내용상 계속 보완, 증대되어 1827년에 마침내 새로운 형태로 출간되었다.

《철학백과》는 헤겔이 오랫동안 준비해온 철학 체계 전체를 일목요연하게 제시하고 있는데, 이는 바로 전체를 보편적인 방식으로 포괄하려는 그의 노력의 결실이다. 그러나 헤겔은 단지 학문의 체계의 윤곽만을 제시할 뿐이어서, 독자들은 여기에서 어떤 자세한 설명을 기대하기보다는 인간과 세계에 대한 앎 전체가 논리적 연관에 따라 체계화될 수 있는 가능성과 방법에 더 주목해야 한다. 그런데 이에 앞서 더욱 중요한 것은 헤겔이 《철학백과》의 서론에서 본격적으로 고찰하고 있는 철학의 본성을 이해하는 일이다. 즉 개별적인 모든 학문의 원리들을 자신 속에 지니고 있는 철학은 필연적으로 체계의 형태를 지닐 수밖에 없으며, 그 필연성은 바로 사유의 내용과 방법의 일치에서 구해진다는 사실을 이해할 때에만 비로소 우리는 정신과 자연, 사변과 경험 또는 개념과 실재의 영역을 제각각 분리해두는 것이 아니라 전체의 계기, 총체적인 운동으로서 통일적으로 파악할 수 있다.

헤겔은 애초에 《논리학》에서 자신의 체계의 포괄적인 구조를 예고했는데, 그것은 《정신현상학》을 체계의 제1부로, 논리학, 자연철학, 정신철학을 제2부로 삼아 구성하려는 것이었다. 그러나 《철학백과》에 이르러 완성된 형태로 제시된 학문의 체계는 제1부 '논리학'에 이어 제2부와 제3부는 각각 '자연철학'과 '정신철학'으로 구성되어 있다. 이제 《정신현상학》은 체계의 도입 부분이라는 지위를 차지하게 되고, 헤겔 철학의 궁극적인 체계성은 첫째, 즉자대자적인 이념의 학문, 즉 모든 현실에 선행해 직접적으로 정립된 로고스로서의 논리학, 둘째, 스스로를 부정하여 자신과 대립해 있는 타자 속에서 외화하는 이념의 학문으로서의 자연철학, 셋째, 타자로부터 자신에게로 되돌아와 스스로 모순을 해소하고 자신을 의식하게 되는 이념으로서의 정신철학이라는 구성 자체에서 드러난다. 이러한 전개 과정이 바로 절대적인 방법으로서의 변증법이며, 이것은 체계의 개별 부분들의 내적인 구조까지도 규정한다.

따라서 논리적 범주들의 연관에서 드러나는 순수 사유만이 체계의 성격을 가지는 것이 아니라, 경험적인 실재 속에서 외화되는 세계 역시 체계의 자연적, 정신적 형태들을 보여준다. 이런 의미에서 체계로서의 철학은 사유 그 자체인 동시에 사유의 내용이기도 하다. 다시 말해 철학함은 사유 내용의 전개 과정을 통하여 자신에게 드러나는 또는 자기 자신을 이러한 전개 과정 전체의 결과로 드러내는 자기실현 행위라 할 수 있다.

3. 《논리학》과 《철학백과》의 주요 내용

헤겔은 《논리학》 서론에서 논리학 전체를 방향 짓는 기본 입장에 대해 조망하고 있다. 그는 《논리학》을 통해 무엇을 말하고 싶었던 것일까? 논리학에서 서술되어야 할 것은 과연 무엇인가? 논리학의 필연성은 어디에서 찾을 수 있으며, 그것은 결국 무엇을 실행할 수 있을까? 헤겔은 이에 대한 실마리를 '서론'에서 철학의 근원적인 문제의식을 분명히 밝힘으로써 제시한다. 바로 여기에서 사변적 논리학의 필연성이 발생하며 그 근본 이념이 특징지워진다.

(1) 《논리학》 서론의 문제의식—사유와 대상의 관계

'논리학의 일반적인 개념'이라는 제목의 서론을 시작하면서 헤겔은, 논리학을 본격적으로 상론하기 전에 미리 그 개념을 확립하고자 하는 시도 자체를 문제 삼는다. 다른 학문의 경우에는 이러한 시도에 별 문제가 발생하지 않을 것이다. 왜냐하면 다른 학문은 자신의 방법과 대상을 분리하고 있으며 더욱이 출발점으로서의 절대적인 시원을 설정할 필요가 전혀 없기 때문이다. 따라서 일반적인 학문들이 지니고 있는 근본 규정들은 자신의 외부에서 주어지며 상론에 앞서 미리 정당화되어야만 한다.

그러나 논리학에서는 이러한 것이 불가능하다. 왜냐하면 논리학의 규칙, 법칙과 근본 규정들은 그 내용 자체의 일부를 구성하고 있으며 무엇보다 논리학 안에서 정초되어야 하기 때문이다. 다시 말해 논리학, 나아가 철학은 자신의 방법을 다른 하위의 학문에서 빌려올 수 없으며, 또한 "내적 직관을 통해 범주적으로 보증되는 것에 만족할 수도, 외적 반성의 근거들로부터 추론을 사용할 수도 없다. 오히려 학문적인 인식 속에서 스스로 운동하는 내용의 본성만이 있을 뿐이다. 왜냐하면 내용이 지니는 이 고유한 반성이야말로 바로 내용의 규정 자체를 비로소 정립하고 산출하는 것이기 때문이다."[25]

따라서 단지 방법에 대한 진술만이 아니라 "학문 개념 자체"도 논리학의 내용에 속하며, 정확히 말하면 이 개념이야말로 논리학의 궁극적인 결과물인 것이다. 논리학의 대상, 즉 사유의 경우도 마찬가지다. 헤겔의 표현에 따르면 사유란 엄밀하게는 "개념 파악하는 사유"인데, 이것은 사전에 잠정적으로 규정될 수 없는 것이다. "사유의 개념은 학문이 진행되는 과정 속에서 산출되며 따라서 미리 이야기될 수 없다."[26] 이것은 바로 서론에서 중요한 문제는 논리학의 개념을 정당화하는 것이 아님을 의미한다.

그렇다면 서론의 의의는 과연 어디에 있는가? 헤겔의 말에 따르면 그것은 "추론적이고 역사적인〔경험 사실적인〕 의미를 지닌 몇몇 설명과 반성들"[27]을 통해 이 학문이 고찰되어야 할 올바른 관점을 제시하는 것이다. 그런데 아마도 이러한 관점을 파악하는 것 자체는 그다지 새로운 일이 아닐 것이다. 논리학의 입장을 파악하고 정립하려는 시도는 이미 여러 차례 있었으며, 그 중 일부는 헤겔의 부정적인 경계짓기를 통해 더욱 분명하게 밝혀졌다. 그러나 다른 모든 시도와 헤겔을 구별짓는 결정적인 사항은, 논리학은 사유를 파악하되 어떤 외적인 힘을 빌려서가 아니라 엄밀히 그것의 자기연관성 속에서 개념화해야 한다는 생각이다. 헤겔에 따르면 논리학 내에서 정당화될 수 없는 전제들이란 결코 있을 수 없으며, 따라서 사유는 논리학 내에서 규정되어야 하고 자신의 방법을 스스로 언명해야 하는 것이다.

헤겔은 우선 사유에 대한 불충분한 견해들을 비판하는 데서 출발함으로써 사변 논리학의 필연성을 입증하고자 한다. 그는 '일상적인 의식'이라는 하나의 특정한 견해에서 출발하는데, 이러한 견해에 따르면 논리학은 단지 사유의 형식만을 포함하는 것으로, 이 형식은 사유된 내용에 대해서는 어떠한 실질적인 의미도 갖지 못한다. 여기에 전제되어 있는 내용과 형식의 분리에 대해 헤겔은 비교적 상세하게 논한다.

만일 논리학이 단순히 인식의 형식으로 이해된다면, 이는 명백히 논리학이 모든 내용을 추상시켜버림을 의미한다. 그리하여 내용, 즉 질료는 단지 인식의 '부차적인 요소'로 '어딘가 다른 곳에서부터' 형식에 덧붙여지는 것이라고 여겨지며, 또한 논리학은 오직 '참된 인식의 형식적인 조건들'만을 제공해야 하는 것이 되고 만다. 이러한 논리학은 내용을 자신의 바깥에 두고 있는 만큼 그 자체로 '실제적인 진리'일 수도, '실제적인 진리에 이르는 길'이 될 수도 없는 것이다.

헤겔은 논리학이 이렇게 아무런 내용도 가지고 있지 않다는 견해에 맞서 우선은 사유의 규칙들이 바로 논리학의 대상이자 내용이라는 사실을 언급함으로써 대항한다. 이 점에서 내용이 전혀 없는 논리학이란 있을 수 없다. 이러한 측면은 분명 학문적인 사유로 나아가는 진보로 간주될 수 있다. 즉 일상적인 활동에서 우리가 몰두해 있는 질료에서 사유 형식을 자유롭게 해방시켜 그 형식의 보편성 자체를 고찰의 대상으로 삼는 것, 질료 속에 감추어져 있는 사유 규정을 끌어내어 완전히 추상하는 가운데 오직 그 자체로 존재하는 사상들을 다루는 것 말이다. 그러나 이는 결국 사유 형식이 하나의 수단으로 복무하게 되는 결과를 낳는다. 왜냐하면 이 사유 형식은 그 자신에 대해 내용을 규정하는 작용을 전혀 부여받지 못하기 때문이다. 이제 중요한 문제는 논리학의 완전히 새로운 개념을 전개하는 것, 그리하여 논리학이 완전히 바뀐 새로운 형태를 획득하는 것이다.

가장 먼저 필요한 것은 전통적인 내용-형식이란 도식에 포함되어 있는 전제들을 분명하게 드러내어 비판적으로 고찰하는 것이다. 헤겔의 표현에 따르면, 인식의 내용과 형식의 분리는 바로 '진리와 확실성'의 분리이다. 이러한 분리에 전제되어 있는 사실은 "인식의 질료는 이미 다 마무리된 세계로서 사유의 바깥에 즉자대자적으로 현존한다는 점, 사유는 그 자체로는 텅 비어 있"[28]다는 점이다. 따라서 공허한 형식으로서의 사유는 이미 다 마무리되어 외부에서 주어지는 내용을 통해서야 비로소 실현될 수 있다.

인식은 이와 같은 구성 부분들 간의 외적인 관계에 기반하여 이러한 요소들을 '기계적으로' 또는 기껏해야 '화학적으로' 결합시킴으로써 형성된다. '기계적', '화학적'이라는 규정은《논리학》제3권 '개념론'에 나오는 것으로, 객체들이 서로 연관되는 특정한 방식을 가리키는 표현이다. 기계적인 관계란 객체들 간의 단지 외적인 연관을, 화학적인 관계는 좀 더 본질적인 것을 의미한다. 그러나 양자 모두 여전히 개념에 기반한 내적인 관계 형태를 드러내지는 못한다.

이제 중요한 것은 내용과 형식이라는 구성 부분이 어떻게 서로 긴밀하게 연관되는가이다. 흔히 이것들은 같은 서열에 있지 않다고 생각한다. 왜냐하면 객체가 '그 자체로 완결된 것, 다 마무리된 것'이라면, 그것은 더 이상 사유에 의해 규정될 수 있는 것이 아니기 때문이다. 오히려 사유가 객체를 통해 규정되고 그것에 맞추어 행해지는 것이다. 사유는 이제 하나의 유연한 비규정적인 형식으로, 전적으로 대상에 순응해서 그때그때마다 이러저러하게 행해져야 한다. 오로지 이런 방식으로만 사유와 대상의 일치, 즉 진리가 성취되는 것이다.

이외에 또 다른 서열 매기기가 가능한데, 이때 형식은 더 이상 단순히 스스로 순응하는 것이 아니라 규정된 것으로 파악된다. 사유, 즉 형식은 내적으로 규정된 고유한 영역이 되는 것이다. 그러나 여기에는 정반대의 위험이 도사리고 있다. 즉 사유는 자기 규정에 만족하고 대상과 내용은 한낱 '사유의 저편에' 머물러 있는 것이 되고 마는 것이다. 따라서 사유는 질료를 받아들이고 형성하는 가운데 자신을 넘어서 나아가지 못하며, 자신의 모습을 바꾸는 정도에서만 질료에 순응한다. 그러나 이 변형된 다른 것 또한 단지 사유된 것일진대, 사유가 어떻게 다른 것으로 변화한다고 할 수 있겠는가?

헤겔은 이 두 가지 대립적인 견해에서 각각 상대적인 권리를 인정한다. 그것들은 바로 우리의 일상적인 의식, 즉 '현상하는 의식'의 본성을 구성하고 있는 규정들을 표명하는 것이다. 그러나 이성의 관점에서 보면 이것은 오류임이 드러나게 된다. 다시 말해 그렇게 사유된 관계가 즉자대자적으로 진리를 가진다고 주장한다면, 거기에는 그 이상의 것에 대해서는 아무 말도 할 수 없는 최소한의 타당성만이 부여된다. 문제는 이 한계이자 오류다. 이에 대한 논박이 바로 철학이며, 이 철학 앞에서 그러한 오류들은 거부될 수밖에 없다.

사유와 대상이 서로 아무 문제 없이 마주 서 있다면, 이러한 관계를 계속 해명하는 것은 앞에서 이야기한 것처럼 정처 없이 여기저기를 헤매는 일이 될 것이 분명하다. 따라서 중요한 점은 사유와 대상의 관계를 올바르게 파악하는 것이다. 사유와 대상, 사유와 존재의 관계는 철학사 전체의 근간을 이루는 핵심 문제이기도 하지만, 헤겔은 그 특유의 방식으로 이 문제에 접근했다. 즉 그는 사유와 존재의 관계를 밝히기 위해 흔히 사용하는 규정들, 가령 내용과 형식이라는 개념쌍 등을 해명하는 일이 그 관계에 대한 올바른 사유의 첫걸음이라고 생각한 것이다.

앞에서 서술된 견해들에 비한다면 이전의 형이상학은 사유에 대해 좀 더 고차적인 개념을 가지고 있었다. 형이상학은 사유란 사물의 참된 진리에 대한 인식임을, 즉 사물은 그 직접성에서 벗어나 주체에게 나타나 사유됨으로써 비로소 그 진리 가운데 현상할 수 있음을 줄곧 확신하고 있었다. 형이상학에 따르면 사유와 그 규정들은 '대상에게 낯선 것이 아니라 오히려 그 본질'이며, 따라서 사유와 '사물의 참된 본성'은 같은 내용을 가리킨다.

우리가 주목해야 할 것은 이러한 입장은 앞에서 언급되었던 일상적인 의식과는 완전히 다르다는 사실이다. 물론 여기에서는 헤겔이 이러한 차이를 특별하게 강조하고 있지 않지만, 가령《철학백과》§26~36에서는, 형이상학의 사유는 단지 대상에 맞추고 순응할 줄만 아는 비규정적인 형식이 아니라, 대상의 본성을 파악해야 할 입장에 있다는 명백한 규정을 이미 내포하고 있음이 분명하게 나타난다. 이 점에서 헤겔은 형이상학에 대해 어느 정도 호의적인 태도를 보이는 것이 사실이지만, 논리학에 대한 그의 이해를 분명하게 하기 위해서는 전통적인 형이상학에 대한 그의 비판을 좀 더 세밀하게 검토할 필요가 있다.

헤겔은, 전통적인 형이상학은 자신의 규정들을 추상화하면서 그 자체로 타당한 것으로 간주한다고 비판한다.[29] 사실 사유가 이러한 규정들을 사용해 최고의 대상, 즉 세계, 영혼, 신 같은 이성의 총체성들을 파악하고자 한다면 곧 난관에 부딪칠 수밖에 없다. 결코 세계, 영혼 등에 대해서는 단순하다고도 복합적이라고도 말할 수 없으며, 유한하다고도 무한하다고도 할 수 없다. "영혼은 유한한 것만도 무한한 것만도 아니며, 본질상 이것이면서 또한 저것이기도 하고, 따라서 이것도 저것도 아닌 것이기도 하다. 즉 그렇게 따로 떨어져 고립되어 있는 규정들은 아무 소용이 없으며 단지 지양되는 것으로서만 유효하다."[30]

헤겔은 규정들을 이렇게 따로 떨어뜨려 고정시키는 것은 규정을 술어로 간주하는 데에서 기인한다고 보았다. 이 경우 우리의 시선은 규정이나 술어들이 인정되기도 하고 부인되기도 하는 대상을 향하게 된다. 그러나 적절한 술어를 찾기 위해서는 우선 대상에서 시선을 되돌려 "이러한 술어들이 즉자대자적으로 참된 것인가"[31]를 보아야 할 것이다. 다시 말해 사람들이 술어들을 사용할 때 말하고자 하는 바가 무엇인가를 알기 위해서는 가장 먼저 개념적 의미를 분명하게 밝혀야 한다. 따라서 가령 '유한성'이나 '무한성' 같은 개념들을 술어로 사용하려면, 사전에 이러한 규정 자체를 검토해야 한다. 헤겔에 따르면 바로 이러한 개념의 해명이 의미들 간의 변증법적인 관계를 드러내며, 따라서 규정은 여러 주체(주어)들의 몫으로 떠넘겨질 수 없는 것이다. 이런 식으로 갈라놓는 일은 규정들의 변증법적인 관계를 통찰하는 데 장애가 될 뿐이다.

그러므로 형이상학이 세계, 영혼, 신 등과 같은 이성의 최고의 대상을 파악하고자 할 때 사용하는 거창한 술어들은 우선 그 자체로 고찰되어야 하며, 바로 이런 일이 이루어지는 곳이 논리학이다. 논리학에서 갈고 닦은 개념의 도구들이 갖추어져야만 비로소 앞서 말한 이성의 대상들이 적절하게 파악될 수 있다.

(2) 기존 철학들의 한계와 오류

이제 헤겔은 한 걸음 더 나아가 당대에 유행하고 있던 여러 철학적 입장들, 즉 비판철학, 초월적 관념론, 형식논리학 등이 존재와 사유의 문제에 대해 어떤 관점을 취하고 있는지 고찰하고 그 오류를 지적함으로써 자신의 논리학이 지닌 임무를 밝히고자 한다. 우선 그는, 분명하게 거명하지는 않지만 칸트를 염두에 두고 그의 비판철학과 같은 입장에 대해 논한다. 일반적으로 헤겔에게 중요한 것은 어느 특정 철학자를 해석하고 평가하는 것이라기보다는 하나의 사유 유형을 특징짓는 것이기 때문에, 특정 철학자를 분명하게 거론하기를 꺼린다. 그러나 한편으로 그가 칸트의 입장을 너무 단순화시키고 있다는 느낌이 드는 것 또한 사실이다.

헤겔은 '일상적인 의식'에 비해 형이상학이 지니고 있는 장점을 기본적으로 인정하는 입장에서 "그러나 반성하는 오성이 철학을 장악"했다고 말한다. 이 오성은 바로 추상하고 분리하는 오성을 의미하는데, 이런 점에서는 앞서 말한 형이상학의 특징과 매우 유사해 보이기도 하지만 양자는 분명 다르다.

형이상학은 자신의 규정들을 표상의 서로 다른 '기체Substrat' 또는 '주체'의 술어들로 간주하고 그것들을 각각 분리하여 고정시킨다면, '반성적인 오성'은 이성이 보편적이어야 한다는 요구를 잘못 받아들임으로써 분리 활동에 머무르게 된다. 이러한 오성은 이성을 경험 초월적으로 사용할 때의 모순을 인식하고 있다. 그러나 이는 결국 오성이 이성에 비해 '범속한 인간 오성'에 머무르게 한다. 여기에서 사상은 '단지 사상', 즉 사고된 것일 뿐이며, 진리는 '감각적 실재'에 의거한다. 감각적으로 경험할 수 있는 것을 넘어서는 사유란 '망상'만 만들어낼 뿐이다. 그러나 헤겔은 진리가 그렇게 지각과 현상으로 제한된다면, 오직 '사념doxa'만 가능하다고 본다.

이제 오성 규정은 자신의 제한성으로 인해 스스로 모순에 빠질 수밖에 없는데, 바로 이 점에서 더 이상 감각적인 현상에 대한 오성적 사유에 머물러서는 안 되고 개념 파악으로 나아가야 한다는 필연성이 대두된다. 거기에 이르는 도정을 헤겔은 다음과 같이 설명한다. 반성은 직접적인 것을 규정하면서 우선 그것을 넘어서 나아간다. 이와 동시에 반성은 분리하는 것이라 할 수 있는데, 규정함이란 또한 구별짓는 것이기 때문이다. 그런데 규정성이란 차이를 의미하므로 그 구별짓는 규정들은 자신들 속에서조차 다양할 수밖에 없다. 반성의 좀 더 높은 단계에서는 당연히 이러한 다양한 규정들이 서로 연관되어야 한다. 결국 하나의 차이 옆에는 하나의 관계도 함께 놓인다. 이러한 연관짓기가 바로 본래 이성의 몫인 것이다. 오성은 분리하지만, 이성은 그 분리 가운데서 연관짓기를 시도한다. 그러나 이로써 이성은 탐구되어야 할 규정들이 서로 충돌하고 있음을 드러내게 된다.

이 충돌은 "이성의 참된 개념으로 나아가는 소극적이나마 커다란 행보"[32]이다. 물론 이것은 단지 첫걸음일 뿐이므로 여기에 머물러서는 안 된다. 그러나 오성은 밝혀진 모순들이야말로 일면적으로 고정된 사유 규정의 해체를 암시하는 것임을 인식하지 못한 채, 또 여기에서 더 나아가 사유 규정을 변증법적인 관계 속에서 이성적으로 파악하기 위한 마지막 발걸음을 내딛지 못한 채, 오히려 이 모순으로 가득 찬 세계에서 물러나 이성을 스스로 포기하고 감각적인 실존으로 도망쳐서는 거기에서 이견의 여지가 없는 확고부동한 것을 가졌다는 착각에 빠지고 만다. 인식은 단지 현상 세계에만 관여할 뿐 물자체에는 다가설 수 없다는 식의 해결은, 이미 인식의 불충분함을 시인하는 것인 동시에 이러한 견해의 불충분함을 인정하는 것이다. 참된 인식을 현상 세계로 제한하는 것은 결코 해결이라 할 수 없다. 만일 그렇게 되면 우리는 현상과 물자체라는 두 영역을 가지게 되기 때문이다. 전자는 인식할 수 있는 것이며 후자는 그렇지 못하다. 이렇게 보면 본래부터 인간에게는 오직 '참되지 않은 것'만을 인식할 수 있도록 승인되어 있는 셈이 된다.

따라서 사유 규정의 도움을 받아 대상을 그 자신에 즉해 있는 존재 속에서 인식한다는 것은 불가능한 일이다. 물자체에 전혀 적용될 수 없는 형식들이라면 그 자체가 뭔가 참되지 않은 것일 뿐이다. 또한 모순과 충돌은 특정한 대상 영역에만 나타나는 것이 아니라 사유 속에서도 나타남이 분명해진다. 가령 '유한성'이라는 규정과 '무한성'이라는 규정은 세계에 적용되든, 신에게 적용되든 또는 정신 내에서 독자적인 개념으로 간주되든 똑같이 상호 모순에 빠지게 된다. 다시 말해 모순이 물자체에서 떨어져 있어야 한다면, 이런 모순적인 형식들이 속해 있기 마련인 오성은 더욱더 그런 형식들에 만족할 수 없다.

요컨대 비판철학의 약점은 사유 형식을 고유의 내용에 따라 즉자대자적으로 고찰하지 않는다는 데 있다. 비판철학은 이 사유 형식들을 아무런 의문도 가지지 않은 채 받아들여 결국 주체 속에 존립하게 만든다. 하물며 비판철학이 그 형식들을 그 자체에서 도출해 변증법적으로 고찰하기를 기대하기란 힘든 일이다.

다음으로 헤겔은 초월적 관념론도 간략하게 다루고 있는데, 이는 피히테와 셸링의 초기 입장을 가리킨다. 이들의 철학은 앞서 논의되었던 비판철학보다 좀 더 논리적으로 일관된 견해를 가지고 있는데, 특히 '물자체라는 망령'의 허구성을 입증했다는 점에서 그러하다. 이밖에도 초월적 관념론은 사유 규정들 간의 관계에 주목하는 데에서 출발하여 그 규정들을 각각 전개시키려고 했다. 다시 말해 이성이 사유 규정들을 자기 자신으로부터 서술하게끔 만들고자 시도했던 것이다.

이에 대해 헤겔은 《철학백과》 §42에서 다음과 같이 역설한다. "피히테의 철학은 사유 규정들이 필연성 속에서 밝혀져야 하며 본질적으로 연역되어야 함을 상기시켰다는 점에서 지대한 공헌을 남겼다." 이어서 그 근거를 다음과 같이 밝힌다. "사유가 입증될 수 있는 어떤 것이어야 한다면 또 논리학이 그 입증을 요구할 수밖에 없고 입증하는 법을 가르치려면, 무엇보다도 자신의 가장 고유한 내용을 입증할 수 있어야 하며 그것의 필연성을 통찰할 수 있어야 한다."

그러나 이렇게 출발한 초월적 관념론은 결국 완성되지 못했다. 출발점에서부터 지니고 있었던 주관적 태도로 인해 애초의 기획은 결국 중도에 포기되고 말았다.

마지막으로 형식논리학은 형이상학적인 의미를 전혀 고려하지 않는다는 점에서 이제까지 논한 입장들과 대립된다. 여기에서는 형이상학이 아무런 역할도 하지 못한다. 형식논리학은 모든 내용을 도외시하여 충만한 내용을 지닌 진리가 빠져 있는 하나의 공허한 학문이 되고 만다. 그러나 헤겔은 이러한 내용의 결여가 '일상적인 의식'에서와는 완전히 다른 의미를 가진 것으로 본다. 즉 형식논리학에 내용이 없는 것은 논리적 형식들에 대한 특정한 고찰 방식에서 기인한다. 그에 따르면 "이러한 형식들은 고정된 규정들로서 서로 떨어져 유기적인 통일로 한데 모아져 있지 않기 때문에 죽어 있는 형식들에 불과하며, 여기에는 그들의 살아 있는 구체적인 통일성, 즉 정신이 담겨 있지 않다."[33]

그렇다면 이러한 논리적 규정을 통일시키는 근거는 과연 무엇인가? "이러한 실체적인 존재는 그 규정들의 바깥에서 찾는 것이 보통이다."[34] 즉 형식논리학을 통해 파악되는 대상 속에서 구하려 하는 것이다. 그러나 여기에서는 이러한 추상적인 규정의 확고한 토대와 구체성을 찾을 수 없다. 헤겔에 따르면 오히려 그러한 것은 사유 자체에 바탕을 두고 있어야 한다. 바로 논리적 이성 자체가 실체적인 것이자 실재적인 것으로, 추상적인 규정들을 모두 자신 속에 모아 두고 있으며 그것들의 실질적인 절대적, 구체적 통일로 이끄는 것이다. 이러한 측면은 그 규정들을 각각 따로 떼어내어 나란히 세워둘 뿐인 형식논리학에서는 낯설 수밖에 없다.

이에 대한 좀 더 분명한 언급을 우리는《철학백과》§162에서 찾을 수 있다. "만일 실제로 개념의 논리적 형식들이 죽어 있으면서 아무런 효력도 지니지 못하고 표상이나 사상들을 담고 있되 어찌해도 상관없는 그릇에 불과하다면, 그것들에 대한 앎이란 진리에서 지극히 불필요하고 없어도 그만인 이야기Historie가 되고 말 것이다. 그러나 사실은 반대다. 그 형식은 현실의 살아 있는 정신의 개념이 지닌 형식이며, 현실에 관해 참된 것은 오직 이 형식들의 힘으로, 그것들을 통해서 또 그것들 속에서 참된 것이다. 그러나 이 형식들이 그 자체로서 지니는 진리는 지금까지 단 한 번도 고찰되거나 탐구되지 못했으며, 마찬가지로 그것들의 필연적인 관계도 탐구되지 못했다."

이로써 논리학의 과제이자 임무가 확연하게 드러난다. 정신의 본성에서 가장 중요한 것은 정신이 자신에 대해 알고 있는 그대로의 존재가 현실적인 존재와 맺는 관계라고 할 때, 즉 정신의 자기 앎이 정신의 현실성의 근본 규정이라 할 때, 우선은 개별적이고 다양하며 불확실하게 현실성을 드러내는 앎의 형식들을 걸러내고 다듬어서 정신을 자유와 진리로 고양시키는 것, 이거야말로 논리학의 임무이다.

(3) 《논리학》과 《정신현상학》의 관계

이제 논리학을 고찰하기 위한 관점을 본격적으로 진술할 때가 되었다. 이러한 관점을 규정하기 위해 헤겔은 1807년에 쓴 《정신현상학》으로 되돌아간다. 거기에서 그는 의식과 대상 간의 직접적인 대립에서 출발하여 절대적인 앎에 이르는 의식의 운동 과정을 서술했다. 헤겔이 말하기를 "이 도정은 의식이 객체와 맺는 온갖 형식의 관계를 거쳐 나아가며 그 결과로 학문의 개념을 낳는다."[35] 따라서 '학문의 개념'은 '절대적 앎'의 관점을 취할 때 성취되는데, 여기에서 학문이란 바로 논리학을 의미한다. 헤겔은 학문의 개념은 오직 의식에 의해 개념이 산출됨으로써만 정당화되며 이러한 의식의 고유한 형태들은 모두 진리로서의 학문의 개념 속에 용해됨을 강조한다.

그러나《정신현상학》의 마지막에서 주어진 이러한 학문의 개념은 무엇을 의미하는가? 그것은 바로 앎으로서의 자기와 대상으로서의 존재의 대립, 즉 주체-객체의 대립이 사라지게 될, 그러한 대립이 지양되어야 할 관점을 가리킨다. 그런데 이러한 관점은 단순히 확정되거나 요청되는 것이 아니라 전개되고 근거가 제시되어야 하는 것이다.《정신현상학》의 진행 과정은 주체-객체 대립의 어떤 특정한 형태에도, 이러한 대립 일반에도 머물러 있을 수 없으며 오히려 의식의 경험의 변증법을 통해 결국 그 대립의 근본적인 동일성이 드러남을 보여준다. 물론 이 동일성은 늘 활동하고 있으며 현존하는 것이긴 하지만, 그것이 명시적으로 나타나는 것은《정신현상학》의 마지막에 이르러서야 가능하다. 그러나 이로써 다 끝난 것이 아니다. 오히려 이제 새로운 출발점이 획득되었으니 그것이 바로 논리학의 관점이다.

사실 앎과 대상, 의식과 실체 사이에서 발생하는 차이는《정신현상학》에서 나타나는 운동, 즉 의식의 부단한 자기 초월의 동력이다. 그런데 이 차이는 또한 실체의 자기 자신과의 차이이기도 하다. 실체의 바깥에서, 실체에 맞서서 진행되는 듯이 보이는 의식의 활동은 실상 실체 자신의 행위인 것이다. 이런 의미에서 실체는 본질적으로 주체이다. 의식의 대상이 의식의 주체가 되며, 의식에게 스스로를 드러내 보이는 것이다. 그리하여 의식은 자신의 대상 속에서 자신의 본래 모습을 발견한다. 이렇게 세계 속에서 스스로를 파악하는 정신, 의식에게 스스로를 대상으로 제시하는 정신이 바로 헤겔이 말하는 '정신적 실체'이다. 《정신현상학》은 의식의 지난한 도정을 통해 궁극적으로 앎의 대상이 곧 정신적 실체임을 보여준다는 점에서 '정신의 운동', '의식이 갖는 경험의 역사'라 불릴 수 있다.

그런데 《정신현상학》의 마지막 장 '절대적 앎'에서 헤겔은 이제까지 지나온 도정을 다시 돌아보면서 논리학을 예견하고 있다. "이리하여 정신은 개념을 획득했기에 자신의 삶의 이러한 에테르 속에서 그 현존재와 운동을 펼쳐가는데, 이것이 바로 학문이다. 거기에서는 정신의 운동 계기들이 더는 특정한 의식 형태들로 서술되는 것이 아니라, 의식의 차이가 자기에게 되돌려지면서 규정된 개념들로 그리고 자기 자신 속에 근거를 둔 개념들의 유기적인 운동으로 서술된다…. 그 계기는 의식이나 표상에서 나와 자기 의식으로 가는, 또는 반대로 여기저기를 떠돌아다니는 운동으로 나타나는 것이 아니다. 오히려 의식 안에서 현상하는 것으로부터 해방된 자신의 순수한 형태, 즉 순수한 개념과 그것의 계속되는 운동은 오로지 자신의 순수한 규정성에 달려 있는 것이다."[36] 요컨대 실체가 주체로서, 주체가 실체로서 드러난 데에서 비롯된 절대적 앎은 의식의 최종 형태이며, 이제 정신은 의식의 현존재가 아닌 개념에 자신의 토대를 둔다. 이 위에서 정신은 자기 자신에 대한 사유, 즉 로고스가 되며, 이러한 정신의 계기들이 스스로를 유기적인 전체로 조직해가는 운동이 바로 '논리학'이자 '사변철학'인 것이다.[37]

그러나《논리학》과《정신현상학》의 이러한 관계가《논리학》에서는 매우 암시적으로만 서술되어 있다. 심지어 학문의 개념은 오직《정신현상학》을 통해서만 정당화될 수 있다는 언급과 학문의 개념은《논리학》자체 내에서 나온다는 언급이 함께 등장함으로써 매우 모순적으로 보이기까지 한다. 헤겔은《논리학》의 시원에 대한 장에서 이러한 문제에는 여러 시각이 있을 수 있음을 보여준다. 즉 한편으로 논리학은 "유한한 앎 곧 의식의 결과인 순수한 앎이라는 전제에서" 시작하지만, 다른 한편으로는 "어떤 전제도 없이, 시원 자체가 직접적으로 취해져야 한다면 그 시원은 다만《논리학》의 시원, 사유 그 자체의 시원이어야 한다는 사실을 통해서만 규정된다"[38]는 것이다. 후자는 분명 변화된 관점을 시사한다. 순수한 앎의 직접성은 의심의 여지없이 다양하게 매개된 것이다. 왜냐하면 순수한 앎의 차원을 해명하고 의식하기 위해서는 수많은 전제가 필요하기 때문이다. 그러나 이러한 차원에서 사유는 오직 자기 자신만을 다시 포착할 수 있으며 여기에서 오로지 자신의 시원을 파악할 수 있어야 한다. 그리하여 이러한 시원은 "아무것도 전제할 필요가 없으며, 어떤 것에 의해서도 매개되어서는 안 되고 근거를 가져서도 안 된다. 오히려 시원 그 자체가 학문 전체의 근거이어야 한다. 따라서 그것은 그저 하나의 직접적인 것, 아니 오히려 직접적인 것 자체여야만 한다."[39] 이런 의미에서 《철학백과》 §17에서는 사유가 그 자체로서 존재할 수 있게 하는 입장을 스스로 취하는 자유로운 활동임을 밝히고 있다.[40]

《정신현상학》에서 제시된 '절대적 앎'이 모든 의식 형태의 진리라면, 그것은 처음부터 그 형태들의 기초로 놓여 있다고 할 수 있다. 다시 말해 자신의 대상과 통일에 이르려는 의식은 앞서 이미 실행된 시도들에서부터 새롭게 시도된다는 것이다. 비록 대상과의 동일성의 개념이 아직 명확하게 파악되지 않았다 해도 말이다. 그 동일성을 해명하는 형식들을 새롭게 해체하고 비교하는 것은 이 통일의 완전한 개념 파악에 더 가까이 다가가는 것이다. 이처럼 앎이 자기 자신 곁에 머물러 있는 가운데 의식은 이미 늘 현존해 있는 스스로를 판정하는 척도를 획득한다. 《논리학》은 이제 이러한 척도에 따라서 주체-객체의 대립에서 해방된 다양한 방식의 개념 파악을 순전히 논리적 형식으로 탐구하고 이것을 질서 있게 배열하고 서로에게서 전개하고자 한다. 《논리학》은 이렇게 '절대적 앎'에서 앎의 자기 연관성 속에 있기 때문에 아무런 전제도 가지지 않는다고 할 수 있다.

(4) 순수 학문—'신의 서술'로서의 논리학

"이리하여 순수 학문은 의식의 대립에서 해방됨을 전제한다."[41] 주체-객체의 대립을 극복한 이러한 관점은 양자의 완벽한 일치가 아니라 차이와 대립을 끌어안음에 근거를 두고 있다. 이렇게 역동적인 통일의 관점에서 비로소 정신은 존재에 대한 앎이 바로 자신에 대한 앎임을 깨닫고, 스스로에 대한 사유 곧 존재의 논리를 개념의 형식으로 전개해갈 수 있다. 이에 대해 헤겔은 다음과 같이 간명하게 표현한다. "순수 학문은 사상이 또한 못지않게 사태 자체인 한에서 사상을 지니고 있으며, 사태 그 자체가 또한 못지않게 순수 사상인 한에서 사태 자체를 포함한다."[42] 여기에서 사상은 더 이상 대상에 대해 외적인 수단이나 형식이 아니며, 사태 자체 역시 단순히 대상적인 사물이 아니다. 양자는 근원적으로 동일한 것으로서, 바로 개념을 의미한다.

《논리학》 제2판 서문에 따르면, 우연적이고 일시적인 모든 개별자들의 고유한 본질, 지속적이고 실체적인 참된 토대는 바로 '사태의 개념', 즉 사상 그 자체인 '내적으로 보편적인 것'이다. 물론 '자연적, 정신적 사물들'에 대한 개념의 경우 여전히 형식과 내용, 사상과 대상이라는 상대적인 구분이 나타난다. 이는 인간의 개념에서도 마찬가지다. 그러나 논리학에서 중요한 것은 '좀 더 심오한 토대', 즉 더 이상 어떤 상대적인 구분도 가능하지 않은, 사유와 존재 간의 궁극적인 동일성으로서의 '순수 개념'이다. 모든 앎과 사유는 바로 여기에서 나온다. 그런데 이러한 '순수 개념'이 모든 정신활동에 포함되긴 해도 대개 본능적인 것이어서 여전히 의식으로 고양되지 못한 상태이다. 바로 이를 통해 다시 한번《논리학》의 과제가 분명해진다. 정신에 영혼을 불어넣고 그 속에서 활동하는 이 논리적 본성을 의식으로 가져오는 것, 이것이 과제이다. 나아가 단지 본능적으로만 추진력으로 작용하는 사유 범주는 우선 개별화되고 다양하게 변화하면서 정신에게 의식되며, 따라서 개별적이고 불확실한 현실성을 드러내는데, 이러한 범주들을 갈고 다듬어 그 속에서 정신으로 하여금 자유와 진리에 이르게 하는 것, 이것이 바로《논리학》의 좀 더 고차적인 임무이다.[43]

그리하여 이러한 범주는 사유와 존재의 통일성의 규정이자 구성 계기가 된다. 이것은 자신의 무의식적인 활동에서 벗어나 사유가 스스로에게 부여한 연관 관계 속으로 들어와야 한다. 이렇게 스스로를 전개하는 자기의식 속에서 이해된 즉자대자적인 개념을 가리켜 헤겔은 '객관적 사유'라고 칭한다. 이것이 바로 순수 학문의 내용이기에 순수 학문, 즉 논리학은 형식적인 것에 불과한 것이 아니라 오히려 '절대적으로 참된 것', '참된 질료'라 할 수 있다. 그러나 이 질료는 '순수한 사상'으로 '절대적인 형식 자체'이기도 하다. 여기에서 다음과 같은 규정이 성립한다. "논리학은 순수 이성의 체계로, 순수 사상의 왕국으로 이해되어야 한다."[44]

실로 많은 해석자들이 논리학 전체의 의미를 밝힐 때 의지하고 있는 '순수 사상의 왕국'이라는 표현에 대해 헤겔은 "이 왕국은 아무런 외피도 걸치지 않은 채 즉자대자적으로 존재하는 진리"[45]라고 말한다. 그러나 이에 못지않게 중요한 언급은 "이 때문에 우리는, 논리학의 내용이 자연과 유한한 정신을 창조하기에 앞서 자신의 영원한 본질 속에 있는 것으로서의 신의 서술이라고 말할 수 있다"[46]라는 것이다. 어떤 해석자들은 이 문장을 논리학 전체를 이해하기 위한 열쇠로 간주하는 반면, 또 어떤 이들은 간과해버리기도 했다. 물론 이것을 섣불리 무시하는 것은 부당한 일이겠지만 그렇다고 이 한 문장에 기대어 논리학 전체를 신학적으로 해석하는 것 또한 경계할 일이다. 이제 우리는 이 문장을 통해 헤겔이 본래 말하고자 한 바가 무엇인가에 귀 기울일 필요가 있다.

우선 "우리는 … 말할 수 있다"라는 조심스런 표현으로 미루어 짐작컨대, 헤겔은 여기에서 학문적으로 엄밀하게 말하려고 했다기보다는 오히려 어떤 이미지를 전달하려고 한 것이라 볼 수 있다. 물론 논리학이 세계 창조 이전의 한 시점에서 신의 자기 전개를 서술하고자 의도했다는 오해를 받을 수도 있으나, 이는 헤겔의 종교철학에서라면 몰라도 논리학에서는 그렇지 않다. 논리학은 세계의 생성 이전 그리고 그 너머의 또 다른 세계를 서술하는 것이 아니라 이 현실 세계, 즉 자연이나 정신적인 영역을 해명하기 위해 사유 자체를 고찰하는 것이다. 왜냐하면 모든 철학적 대상은 사유 규정을 통해 개념 파악될 수밖에 없기 때문이다.

이런 의미에서 헤겔의 사유는 그 자체로 세계에 속해 있으면서 인간 그리고 자연과 상호작용하는 것이라 할 수 있다. 그것이 낳는 사상은 세계 경험에서 증류되어 나온 본질이다. 수천, 수만 년 동안 쌓여온 경험, 궁극적으로 참되고 실제적인 것에 대한 감각을 획득해온 경험, 이 역동적이고 자기 의식적인 삶의 총체적인 영역을 헤겔은 '정신'이라고 부르며, 순수 사유의 논리학은 경험의 온갖 우연성과 특수성에서 추상된 삶의 계기인 것이다. 따라서 논리학은 무엇보다도 세계를 특징짓는 고정된 규정적 차이가 어떻게 서로 연관되는가를 탐구한다. 이것이 바로 논리학이 형이상학과 통일될 수 있는 근거이다. 이제 논리학은 자기 의식적으로 된 세계가 실제로 행하는 모든 것에 대한 본질적인 구조로서, 존재하는 모든 것을 포착하기에 이르며, 그리하여 '영원한 본질 속에 있는 신의 서술'이라 불릴 수 있는 것이다.

그러나 논리학은 어디까지나 추상의 산물인 만큼, 자연과 역사 속에는 그 순수한 형식 속에 포함되지 않는 우연성이 존재할 것임을 스스로 예견한다. 따라서 논리학이 참으로 본질적이고 포괄적인 구조가 되기 위해서는 이 우연성과 구체적인 차이들에 대해 열려 있어야만 한다. 그렇게 되었을 때에만 논리학은 필연적이고 체계적인 것을 우연성의 영역 내에서 확인하는 분과 학문들에 토대를 제공할 수 있다. 요컨대 정신현상학이 논리학에 이르는 도정이었듯이, 논리학 역시 우리를 의식의 경험으로, 즉 자연과 역사에서의 정신의 외화로 되돌리고 있는 것이다. 이것이 바로《철학백과》에서 확인되는 로고스-자연-정신의 변증법이다.

(5) 논리적 규정들의 객관성과 보편성

이제 헤겔은 자신의 견해를 좀 더 분명하게 밝히기 위해 철학사에서 몇 가지 사실들을 지적한다. 그는 우선 아낙사고라스와 그의 '누스' 이론에 주목한다. 그 이론은 "세계의 본질은 사상으로 규정될 수 있다"[47]는 것으로, 이를 통해 아낙사고라스는 세계에 대한 지적인 조망의 기초를 세웠는데, 바로 그 순수한 형태가 논리학이다. 헤겔은 다음과 같이 강조한다. 논리학에서 중요한 것은 사유의 바깥에 그 자체로 독자적으로 존재하는 어떤 것에 관한 사유도, 진리의 단순한 표징으로서의 형식도 아니다. 왜냐하면 사유의 필연적인 형식과 고유한 규정들은 그 자체가 내용이자 최고의 진리이기 때문이다. 물론 논리학은 사유의 자기 연관에서 출발하는 만큼, 우선 사유를 자기 자신과 비교, 일치시키는 일, 그 규정들의 질서를 밝히고 서로 연관시키는 일이 중요하다. 그러나 이러한 사유는 외부 세계를 배제하고 그것과 아무런 관계도

맺지 않는 주관의 내면 속에 갇혀 있는 것이 아니라 그 자체가 보편자이기 때문에 어떤 외적인 것도 지니지 않는다. 따라서 논리학의 규정은 현실이 서술되는 방식이며, 이런 한에서 논리학은 현실을 지적으로 바라보는 것이라 할 수 있다.

헤겔은 이제 표상적인 사유가 일으키는 오해에 대해 논하는데, 이 표상의 방식이란 올바른 이해를 돕기보다는 오히려 방해하는 것이다. 그리하여 헤겔은 논리학의 참된 본질을 이해하려면 진리는 뭔가 손으로 잡을 수 있는 것이어야 한다는 생각을 우선 버려야 한다고 주장한다. 가령 '플라톤식의 이데아'를 신의 사유 속에 있는 것이라고 가정한다면, 이것은 흡사 우리가 사는 이 세계와는 다른 어떤 세계에 존재하는 사물처럼 받아들여진다. 즉 현실 세계는 이데아의 세계 바깥에 있게 되며, 이러한 구분을 통해 비로소 자신의 자립성과 실체성을 가지게 되는 것이다. 여기에서 헤겔이 비판하는 플라톤식의 이데아는 아마도 플라톤 자신의 견해라기보다는 후대의 철학자들에 의해 해석된 것이라고 봐야겠지만, 분명한 점은 이렇게 두 영역으로 구분하려는 시도는 어떤 경우에도 헤겔식의 논리학에는 역행한다는 사실이다.

이념의 사물화는 결국 이념을 고정시키는 결과를 낳는데, 이는 논리학에서 드러나야 할 사유 규정들의 전개를 방해한다. 헤겔에 따르면 이렇게 이념을 고정시키는 것과, 사유 규정을 주체나 기체의 속성으로 여기는 것은 서로 연결되어 있다. 따라서 규정들의 역동성을 파악하기 위해서는 그것의 형식들을 표상의 기체나 주체에서 자유롭게 해방시켜 고찰하는 것이 필요하다. 이 부분에서 헤겔이 플라톤 자체를 비판하는 것이 아님이 분명해진다. 플라톤의 이데아는 결코 사물이 아니라 보편자, 더 정확히는 대상의 개념이기 때문이다. 오직 그 개념 속에서만 사물은 현실성을 갖는다. 그것이 자신의 개념과 분리된다면 더 이상 현실적이기를 그치고 아무것도 아닌 것이 되고 만다. 논리학에서 사물은 사유에 대해 외적인 것이 아니며, 또한 사유는 사물에 대해 외적인 것이 아님을 헤겔은 항상 새로운 접근법으로 밝히고자 한다. 이를 위해 그는 사람들이 '일상적인 논리학'에 대해 가지고 있는 '표상들'을 끌어온다. 정의에 관해서는 통상 그것이 단지 주관적인 것이 아니라 대상 자체에 부합해야 함이 전제된다. 그렇지 않고 한 가지 규정에서 새로운 규정이 추론될 때에도 마찬가지로 '이러한 사유에는 존재가 상응한다'는 사실이 전제된다.

헤겔은 이러한 관계의 실상에 대해 한 번 더 분명하게 밝히기 위해 이번에는 개념, 판단, 추론 등의 형식을 사용하는 것에 대해 논한다. 이러한 형식들을 사용할 수 있는 전제는 그것이 단지 사유의 주관적인 측면에 불과한 것이 아니라, 대상을 향한 오성의 형식들이라는 점이다. '오성과 이성은 대상 세계 속에 있으며 정신과 자연은 보편적인 법칙을 지닌다'는 일반적인 확신도 사유의 객관적인 성격을 주장하는 것이다. 이렇듯 논리학에 대한 통상적인 이해에서조차 이미 사유의 객관성, 보편성이 암시되고 있다.

헤겔이 이성의 객관성을 강조하는 것은 특히《법철학 강요》서문에 나오는 "이성적인 것은 현실적이며, 현실적인 것은 이성적이다"[48]라는 명제를 통해서 확인된다. 이 도발적인 명제가 의미하는 바는《철학백과》§6에서 해명된다.[49] 이것은 철학의 최고의 궁극 목적이자 논리학의 전제이기도 한데, 이러한 일치를 인식함으로써 자기 의식적인 이성과 존재하는 이성, 즉 현실과의 화해가 산출되는 것이다. 사실 이것은 앞에서 본《정신현상학》의 결과물, 즉 사유와 존재의 동일성으로서의 보편적 이성을 가리킨다. 다시 말해 이성의 규정은 주체와 객체의 대립을 뒤덮고 있는 보편적인 것이어야 한다. 바로 이것이 언제나 헤겔을 이끌고 있는 중심 사상이다.

비판철학이 형식논리학에 비해 진일보한 점은 논리학에 대한 이해가 더욱 심화되었다는 사실이다. 즉 비판철학에 이르러서야 비로소 이전의 모든 형이상학적인 문제가 논리학의 지평에서 인식될 수 있었다. 그러나 이것의 약점은 이후의 초월적 관념론과 마찬가지로 객체에 대한 두려움에서 벗어나지 못하여 논리적 규정에 본질상 주관적인 의미를 부여했다는 점이다. 이러한 방어적인 자세로 인하여 논리적 규정들은 자신이 도망쳐나온 객체에 다시 붙들리게 되고, 객체는 극복되지 못한 채 '저편의 것'으로 남게 된다.

논리적 규정들이 단지 주관적인 것이라면 현실적으로 보편적인 것일 수 없다. 그 개별적 특수성으로 인해 그 규정에는 뭔가 우연적인 것, 경험적인 것이 들러붙어 있는 것이다. 그런데 사실 이것이야말로 비판철학이 사유를 주관화함으로써 피하고자 했던 것이다. 그러나 이러한 시도는 결국 대상에서 자유롭지 못하게 되고 실제로 경험적 학문들에서의 사유와 비슷하게 되고 말았다. 도망치려고 하면 오히려 속박당하고 마는 법이다. 따라서 의식의 대립에서의 실제적인 해방은 이제 다르게 나타나야 한다. 그렇다면 이러한 해방은 어떻게 개념 파악될 수 있을까? 사실 헤겔은 "논리학은 이를 전제할 수 있어야 한다"[50]고 말함으로써 개념 파악은《정신현상학》에서 이미 완수되었다고 본다. 따라서 문제는 사유 규정을 즉자대자적으로 논리적인 것, 순수이성적인 것으로 고찰하는 일이다.

헤겔은 아리스토텔레스 이후 논리학은 조금의 진보도 퇴보도 없었다는 칸트의 말을 떠올린다. 그러나 여기에서 헤겔은 칸트와 정반대의 결론을 이끌어낸다. 칸트가 어떻든 논리학은 완결되었다고 결론내린 데 반해, 헤겔은 논리학이 바뀔 수밖에 없는 필연성을 부각시킨다. 왜냐하면 2천 년간 계속되어온 정신의 작업으로 인해 정신은 자신의 사유와 순수한 본질성에 대한 더 고차적인 의식을 가지게 되었음이 틀림없기 때문이다.

진정 논리학이 자신의 순수한 본질에 대한 정신의 의식을 지닐 수밖에 없다면, 전통적인 논리학과 정신이 스스로를 표명하는 다양한 형태들 사이에는 이미 엄청난 차이가 발생한다. 헤겔은 더 이상 예를 들지는 않지만, 아마 정신이 스스로를 자유로 파악한 것이나 또는 칸트적인 이성 비판의 의미에서 정신의 자기-앎은 순수 사유 규정들에 영향을 미칠 수밖에 없음을 말하는 듯하다.

논리학이 바뀌어야 할 필요성은 이미 오래전부터 있어 왔음을 헤겔은 환기한다. 사람들이 형식논리학에 대해 막연하게나마 가지고 있는 불안감에서 그리고 보통 습관적으로 형식논리학을 사용하긴 해도 그다지 신뢰하지 않는다는 사실에서 그 필요성이 드러난다.

자신의 규정들을 고정시키고 완전히 외적으로만 연관시킨다는 비판은 통용되고 있는 형식논리학에 직접적으로 적용된다. 여기에서는 가령 판단이나 추론이 주로 규정들의 양적인 관계로 소급되어 거기에 근거를 둠으로써 사유와 연산을 동일시하게 되는데, 이는 실로 부당한 일이 아닐 수 없다. 그렇게 양적인 관계만이 중요하다면 규정들은 그 자체로 고찰 대상이 될 수 없을 것이다.

(6) 논리학의 방법

무엇보다도 중요한 점은 이제 논리학에는 새로운 방법이 필요하다는 사실이다. 이제까지 논리학은 고유의 방법을 찾지 못했다. 헤겔은 심지어 기존의 논리학은 방법상 경험과학들과 비슷하다고까지 말한다. 논리학의 규정들이 스스로 전개해가는 것이 아니라 이미 받아들여진 것이라면, 사실 좀 더 고차원적인 경험주의와 다를 것이 없다. 이는 수학의 경우에 가장 잘 드러나는데, 수학이 바탕을 두고 있는 양적인 규정은 논리적 매개 과정의 중간 단계로서, 이를 통해서는 현실의 여러 규정들이 완전히 파악될 수 없다.

그럼에도 불구하고 스피노자 같은 철학자는 수학에 지나치게 매료당한 나머지 그 방법을 철학에까지 적용했다고 헤겔은 비판한다. 개념이 없는 양의 외적인 작동을 개념의 작동으로 삼는 것은 이미 그 자체로 모순적인 것이다. 그렇다면 문제는 철학에 적합한 방법을 찾는 일인데, 이것은 사전에 미리 주어질 수 없다. "무엇이 철학적 학문이 유일한 참된 방법일 수 있는지에 대한 해명은 논리학 자체를 논함으로써 얻을 수 있다. 왜냐하면 철학적 학문의 방법은 곧 내용의 내적인 자기 운동의 형식을 의식하는 것이기 때문이다."[51] 따라서 그 방법은 먼저 구상되고 난 후 적용되는 것이 아니라 사태 자체에서 구해야 한다. 이 지점에서 헤겔은 다시 한번《정신현상학》을 끌어온다. 그는 거기에서 이러한 방법의 일례를 하나의 구체적인 대상, 즉 현상하는 의식에서 제시했다. 좀 더 정확하게 말하자면《정신현상학》에서 그 방법은 사태의 내재적인 진행 과정 전체를 가리키는 것이다. "여기에는 각각 자신을 실현하면서 동시에 스스로를 해체하고 그 자신의 부정을 자신의 결과로 삼음으로써 어떤 더 높은 단계의 형태로 옮겨간 의식 형태들이 있다."[52]

가령 실체를 존재자로 규정하는 측면에서 오성의 의미를 해명할 때에도 헤겔은 다음과 같이 말한다. "그 단순성이나 자기동등성으로 인해 실체는 확고부동한 것으로 보인다. 그러나 이 자기동등성은 또한 부정성이기도 하다. 따라서 저 고정된 현존재는 자신을 해체하는 것으로 이행한다. 우선 보기에는 규정성은 타자와 관계함으로써만 존재하는 것 같으며, 그것의 운동도 어떤 낯선 힘이 가해진 듯이 보인다. 그러나 규정성은 자신의 타자 존재를 그 자체에 지니고 있으며 따라서 자기운동이라는 사실, 이는 바로 앞서 말한 사유의 단순성 속에 내포되어 있다. 왜냐하면 이 사유의 단순성은 자기 자신을 움직여가고 구별하는 사상이자 그 자신의 내면성, 즉 순수 개념이기 때문이다. 그리하여 오성의 특성은 생성이며, 이러한 생성인 한에서 이성적인 것이다."[53]

여기에서 시사된 방법을 본격적으로 서술하고 있는 것이 바로《논리학》이다. 이 방법은 순수한 본질성 속에서 세워지는 전체 구조이기 때문이다. 이와 관련하여 헤겔이《철학백과》에 속한《논리학》의 결론 부분인 '절대적 이념'의 장에서 한 번 더 방법에 대해 언급하고 있는 것은 매우 의미심장하다. "절대적 이념을 말할 때 사람들은 여기에서 비로소 그 정당성이 나타날 것이라고, 모든 것이 밝혀져야 한다고 생각할 수 있다…. 그러나 참된 내용은 바로 우리가 이제까지 고찰해온 체계 전체이다."[54] 위의 인용문은 절대적 이념이 바로 논리학 전체 과정의 통일성, 논리적 규정들의 보편성임을 의미한다. 실로 논리학에서 사유는 여러 규정들 속에서 전개되기는 하지만, 이것은 자기 규정들의 통일성 속에서 행해지는 만큼 궁극적인 통일성이 있을 수밖에 없다. 여기에서 되돌아보면 개별적인 규정들은 이러한 통일의 계기임이 드러난다. 이 모든 규정에 의해 정립되는 내용이 회귀하는 지점인 절대적 형식, 그 형식의 보편성이 바로 방법인 것이다.

따라서 헤겔이 말하는 '개념의 자기 전개', 즉 스스로를 규정하고 스스로를 실현하는 운동이야말로 논리학의 전체 체계를 성립시키는 것이며, 이는 그 방법이 결코 외적으로 적용되는 것이 아님을 뜻한다. '개념의 운동'은 실제로 하나의 구조로 첫 번째는 직접성, 두 번째는 매개, 세 번째는 새로운 구체적인 직접성으로 나타난다. 이 세 가지 계기가 바로 방법의 구조를 이룬다.

첫 번째는 시원의 계기다. 직접적인 것으로서의 시원은 일단 절대적인 것으로 간주되며, 따라서 순수 존재에서 시작한다. 그러나 그 밖에도 각기 시원이 존재한다. 사유는 항상 시작할 때, 직접적인 것을 자신 앞에 둔다. 이런 이유에서 가령 '현존재'나 '자신에 대한 존재' 같은 규정들은, 이미 한 매개 과정의 산물이면서도 직접적인 것이라 불릴 수 있다. 두 번째 계기는 '차이의 출현, 판단과 규정 일반'으로, 직접성의 부정이다. 직접성이 계속 나아가 규정되고 구별되어야 한다면 거기에서는 차이, 즉 부정이 나타나게 된다. 세 번째 계기는 부정을 통해 새로이 획득된 규정성으로, 이것은 다시금 어떤 새로운 해명을 위한 출발점이 되며, 그런 한에서 새로운 직접성을 제시한다. 논리학 전체에 걸쳐 이러한 세 가지 계기가 진행되지만 헤겔은 분명히 이 계기들을 도그마로 고착시켜서는 안 된다고 경고한다.

이제 다시 《논리학》 '서론'과 연관시켜보자면 《정신현상학》에서 드러난 의식 형태들은 자신을 '실현'하는 가운데 스스로를 해체, 부정하고 더 고차적인 형태로 이행한다는 점이 중요하다. 이것은 헤겔에 의해 방법의 한 예로 제시되었던 것인데, 여기에서 '실현'이라 함은 우선 직접적인 것을 계속 더 나아가 규정하는 것으로, 이를 통해 그 직접성은 일단 파괴되지만 그런 다음에는 구별되는 새로운 형태로 넘어간다. 이것이 바로 논리학의 방법의 중심 원리인 '규정된 부정'이다. 이에 대한 다음과 같은 설명은 변증법을 이해할 때 실로 결정적인 것이다.

학문이 진보하기 위해 필요한 유일한 것은 다음과 같은 논리학의 명제를 인식하는 것이다――그리고 이 진보를 전적으로 단순하게 통찰하기 위해 본질적으로 노력해야 한다. 즉 부정적인 것은 또한 못지않게 긍정적이라는 사실, 또는 자기 모순적인 것은 아무것도 아닌 것, 다시 말해 추상적인 무로 해체되는 것이 아니라 본질적으로 자신의 특수한 내용을 부정하는 것으로 해체된다는 사실, 이러한 부정은 전면적인 부정이 아니라 스스로를 해체하는, 규정된 사태의 부정이며 따라서 규정된 부정이라는 사실, 그리하여 본질적으로 결과에는 그것을 낳은 애초의 원인이 담겨 있다는 사실을 인식해야 한다――이는 본래 동어반복이다. 만일 그렇지 않다면 그것은 결과가 아니라 직접적인 것일 테니 말이다. 결과를 가져오는 것, 즉 부정은 규정된 부정이므로 어떤 내용을 가진다. 이 부정은 새로운 개념이지만 이전의 것보다 더 고차적이고 풍부한 개념이다. 왜냐하면 이것은 개념의 부정이나 대립자만큼 더 풍부해져서, 그 개념을 포함하면서도 그 이상의 것을 지니고 있으며, 개념과 그 대립자의 통일이기 때문이다.55

부정은 규정된 것인 한에서 어떤 긍정적인 내용을 가지고 있어야 한다. 반면 순수한 무는 규정된 것을 부정하는 것이 아니므로 아무런 내용도 없다. 그러나 이 규정된 부정을 통해 산출된 것이 어떻게 더 고차적이고 풍부한 개념이라고 말할 수 있을까? 여기에서 우리는 헤겔이 말한 "스스로를 해체하는 규정된 사태의 부정이며 따라서 규정된 부정"의 의미에 주목해야 한다. 중요한 것은 단순히 반대하는 부정이 아니다. 이러한 부정이라면 어떤 새로운 규정도 더해주지 못하고 항상 똑같은 상태에 머물고 말 것이다. '스스로를 해체하는, 사태의 부정'은 이와 다르다. 그것은 사태에 대한 상세한 규정에서 생겨나 이를 해명하고, 하나의 본질적인 계기로서 거기에 속해 있다. 그러나 어떻게 하여 부정이 결국 규정의 본질적인 계기가 될 수 있을까? 규정함이란 부정 없이는 전혀 사유될 수 없기 때문이다. 어떤 한 사태가 규정적이면 규정적일수록 거기에서는 구별과 차이가 더욱 뚜렷하게 나타난다. 이러한 부정에서 출현하는 개념은 더 분명하고 구별되어 있으며 더 규정적이기 때문에 이전의 것보다 더 풍부한 개념이라 할 수 있다.

규정 과정에서의 부정의 계기가 이러한 의미를 획득한다는 사실은 규정 과정이 부정에서 종결됨을 말하는 것이 아니다. 헤겔에게서 부정은 다시 또 버려야만 하는 중간 지점이다. 물론 이것은 단순히 잊혀지고 마는 것이 아니라, 더 고차적인 통일 속에 계기로 보존된다. 헤겔은 논리학의 방법을 개관하면서 마지막으로 다음과 같이 말한다. "개념 일반의 체계는 바로 이러한 도정 가운데 형성되어야 하며――부단하고 순수한, 외부에서 아무것도 받아들이지 않는 진행 과정 속에서 완성되어야 한다."[56] 논리학에서의 사유는 순수하게 자신으로부터 규정되는 것인 만큼, 우연적인 직관이나 경험 등과 같은 외부의 영향을 받아서는 안 된다.

헤겔은 이러한 방법의 구체적인 실행이 논리학 체계의 완성이 그러하듯 아직도 많이 갈고 다듬어야 함을 잘 알고 있었다. 심지어 헤겔은 죽기 일주일 전까지도《논리학》을 '77번 수정할'(제2판 서문) 시간이 자신에게 주어졌으면 하고 간절히 원했다.[57] 그러나 이와 동시에 그는《논리학》에서 진술된 방법이 '유일하게 참된 것'임을 확신하고 있었다. "왜냐하면 대상과 내용을 계속 운동하게 하는 것은 바로 그 내용 자체에 내재해 있는 것, 즉 내용이 자기 자신에 즉해서 가지고 있는 변증법이기 때문이다."[58] 따라서 변증법은 사태 자체의 진행이므로 이러한 방법대로 진행되지 않는 그 어떤 서술도 학문적인 것으로 간주될 수 없다.

요컨대 '차이의 내재적인 생성'과 '그들 간의 연관의 필연성'은 외적인 반성을 통해 형성되는 것이 아니라, 사태 자체의 운동, 개념 자신의 계속되는 규정 속에 들어 있다.

(7) 변증법의 본질

부정은 "개념이 스스로를 계속 이끌어 나아가도록 하는"[59] 동력으로서 바로 변증법의 참된 원리다. 헤겔은 이제까지 오해받아온 변증법의 본질을 올바로 해명하고자 한다. 그 오해는 가령 사람들이 변증법을 논리학의 한 특수한 부분으로 간주하는 데에서 잘 드러난다. 플라톤의 변증법 역시 올바른 의미를 가지지 못했는데, 다른 측면에서는 헤겔도 '고대 변증법의 가장 위대한 예술작품'이라고 칭송했던 대화편《파르메니데스Parmenides》에서조차 변증법은 제한된 주장들을 반박하는 데 사용되는 것으로, 종종 어떤 결과도 낳지 못하는 것으로 제시된다. 사람들은 흔히 그것을 "사태 자체에는 속해 있지 않은 외적이고 부정적인",[60] 나아가 파괴적인 행위로까지 간주한다.

헤겔은 변증법에서 '자의에 의한 가상'을 빼내고 변증법을 '이성의 필연적인 행위'로 제시했다는 점에서 칸트의 공로를 인정한다. 변증법은 한낱 '기만적인 유희'가 아니라, 칸트가 '이율배반'에서 보여준 대로 '가상의 객관성과 모순의 필연성'을 가지는 것이다. 그런데 칸트는 이러한 모순은 단지 이성에 의해 사유 규정들이 '물자체'에 적용될 때에만 성립한다고 생각했다. 그러나 사유 규정들의 충돌은 그렇게 소극적이고 부정적인 결과에 불과한 것이 아니다. "긍정적인 측면에서 보자면 이러한 결과는 바로 사유 규정들의 내적인 부정성, 스스로 운동하는 영혼, 모든 자연적, 정신적 생명성 일반의 원리다."[61] 칸트는 사유 규정들을 고착시키는 것은 넘어섰지만, 단지 '변증법의 추상적·부정적 측면'에까지만 이르렀던 것이다.

헤겔은 좀체로 자신의 변증법을 명확하게 설명하고 있지 않다. 그러나《논리학》'초판 서문'에 나와 있는 다음과 같은 서술은 헤겔의 변증법을 이해하는 데 큰 도움이 될 것이다.

“**오성**은 **규정하며**, 그 규정들을 견지한다. **이성은 부정적**이고 변증법적이다. 왜냐하면 그것은 오성의 규정들을 아무것도 아닌 것으로 해체해 버리기 때문이다. 다른 한편 이성은 **긍정적**이다. 왜냐하면 그것은 **보편자**를 산출하고 또 그 속에 특수자를 포괄하고 있기 때문이다. 오성이 대개 이성과 분리된 어떤 것으로 다루어지듯이, 변증법적 이성도 긍정적 이성과 분리되어 있는 것으로 여겨지곤 한다. 그러나 참된 이성은 정신, 즉 오성적인 이성이나 이성적인 오성 양자보다 더 높은 단계의 정신이다. 정신은 부정적인 것으로, 이는 변증법적 이성과 오성 모두의 특질을 갖고 있다――정신은 단순한 것을 부정하며, 그리하여 오성이 규정한 차이를 정립한다. 그런데 정신은 그만큼 또 이 차이를 해체시키므로, 따라서 변증법적이다. 그러나 정신은 이러한 결과로 아무것도 아닌 상태에 머물러 있는 것이 아니라, 그 속에서도 또한 긍정적인 것이 되며, 그리하여 처음의 그 단순한 것을 복원시키되, 내적으로 구체적인 보편자로 되살려낸다. 이 보편자 아래로 어떤 주어진 특수자가 포섭되는 것이 아니라, 앞서 말한 대로 보편자를 규정하고 해체하는 가운데 특수자가 이미 함께 규정되어 있다. 단순성 속에 자신의 규정성을, 또 이 규정성 속에 자기와의 동일성을 드러내는, 그리하여 개념의 내재적 전개라 할 수 있는 정신의 이러한 운동이야말로 인식의 절대적 방법인 동시에 내용 자체의 내재적 영혼인 것이다——확언컨대 이렇게 자기 자신을 구성해가는 도중에만 철학은 객관적이자 입증된 학문이 될 수 있다——이런 방식으로 나는 《**정신현상학**》에서 **의식**을 서술해보려 했다. 의식은 구체적인 앎, 더 정확히 말하면 외적인 것에 사로잡혀 있는 앎으로서의 정신이다. 그러나 이러한 대상의 계속되는 운동은 모든 자연적, 정신적 삶의 전개와 마찬가지로, 오로지 논리학의 내용을 이루는 **순수한 본질성**이라는 본성에 의거하고 있을 뿐이다. 의식은 현상하는 정신, 즉 자신의 도정 중에 직접성이나 외적인 구체성에서 해방되는 정신으로서, 앞서 말한 순수한 본질성 자체를 즉자대자적으로 존재하는 그대로 대상으로 삼는 순수한 앎이 된다. 본질성들은 순수한 사상, 곧 자신의 본질을 사유하는 정신이다. 그것들의 자기 운동은 그들 자신의 정신적 삶이며 또 학문이 스스로를 구성하게끔 만드는 것으로서, 이것의 서술이 바로 학문이다."[62]

이렇게 통일 속에서 대립적인 것을 파악하거나 부정적인 것에서 긍정적인 것을 파악하는 변증법에서 바로 사변적인 것이 성립한다. 이것은 또한 헤겔이 《철학백과》에서 '논리〔학〕적인 것'을 특징짓는 데 사용했던 계기이기도 하다. "논리〔학〕적인 것은 형식상 세 측면을 지닌다. α) 추상적 또는 오성적인 측면, β) 변증법적 또는 부정적-이성적인 측면, γ) 사변적 또는 긍정적-이성적인 측면."[63] 우리는 어떤 대상을 이해하고자 할 때, 우선 오성의 힘으로 개념을 규정하거나 정의한다. 여기에서 중요한 것은 고정된 의미의 적합성 여부이다. 변증법적 이성은 그 개념과 의미가 함축하는 바에 따라 계속 나아가 그 한계 너머에 있는 대립적인 개념으로까지 진행하는, 오성에 의해 정해진 한계를 넘어서는 사유 운동이다. 사변적 이성은 본래의 고정된 개념에서 대립자로 나아가는 운동 전체를 반성함으로써 전반적인 관점이나 토대를 설립한다.

위와 같은 논리적 사유의 계기들은 통상적인 반성에서는 각각 고립적으로 작용한다. 일단 오성이 사유 규정을 고정시키고 나면, 그것은 더 이상 사유하기를 멈추고 구별된 차이만을 고수한다. 따라서 근대의 여러 형식적인 범주론은 자신의 모든 법칙이 내재적인 한계 내에서 전개됨을 인식하지 못하고 역설과 모순을 모두 단순하게 제거해버림으로써 현실과의 연계를 상실하고 마는 것이다. 그러나 헤겔의 이성적 사유는 세 가지 작용을 모두 하나의 복합적인 사유 과정으로 통합시킨다. 한 범주는 오성에 의해 규정된다. 그 자신에 즉해 있는 것은 사유를 통해 변증법적 과정 속에서 자신의 대립물로 이행한다. 그러면 사유는 그 본질적인 역동성을 확인하고 그것을 좀 더 보편적인 맥락에서 파악하기 위해 전개 과정 전체를 반성한다.

그런데 이러한 과정은 여기에서 멈추지 않는다. 왜냐하면 사변적 반성의 결과 자체는 복합적인 사상으로서, 그 구성 요소들은 다시 오성에 의해 고정될 필요가 있으며, 그 내적인 변증법적 관계도 규정되어야 하기 때문이다. 이렇게 되면 사변의 결과물은 단일한 규정 속으로 다시 무너지게 되고, 오성에서 변증법적 이성으로 나아가는 과정을 끊임없이 불러오게 된다. 이성은 이러한 계기들 간에 이루어지는 사유의 운동 과정이다. 그것은 다양한 차이와 이것들 사이의 관계의 통합 전체를 요구한다. 그렇게 해야만 그 차이가 모두 완전히 실현될 수 있기 때문이다.

논리학 학습은 문법 학습과 유사한 측면이 있다. 문법을 처음 배우는 사람에게 그 형식과 규칙들은 무의미하고 추상적인 것으로 보인다. 그러나 이미 여러 언어를 알고 있는 사람이라면 문법 속에서 한 민족의 정신과 교양을 느낄 수 있다. 마찬가지로 논리학의 형식을 처음 대하면, 다른 학문들의 다양하고도 풍부한 내용에 비해 매우 공허하다고 생각할지 모른다. 그러나 다른 학문을 더 깊이 알고 난 후에는 논리학이 단순히 추상적인 보편자가 아니라 특수한 것들의 풍부함을 품고 있는 보편자임을 깨닫게 된다. 이는 똑같은 격언이라도 철없는 애들보다는 삶의 연륜이 깊은 어른이 말할 때 더 심오한 의미를 지니는 것과 마찬가지다. 물론 아이들도 그 말뜻이야 올바르게 이해할 수 있겠지만 말이다. 논리학은 다른 학문에 비하면 어떤 지식도 주지 않는 학문이다.

그러나 그것은 모든 앎에 철저하게 스며들어 있다. 논리학이 마치 삶의 연륜이 별로 없는 사람이 말하는 격언처럼 그렇게 공허하게 머물러 있어서는 안 된다면 '학문들의 경험의 결과'가 되어야만 하는 것이다.

"논리학의 체계는 그림자의 왕국이자 단순한 본질성의 세계이며, 모든 감각적 구체성에서 해방되어 있다."[64] 따라서 논리학 연구는 감정적인 것, 표상적인 것, 우연적인 것들이 사유를 침해하는 것을 막는다. 이를 통해 사유가 얻는 것은 무엇보다도 자립성과 독립성이다. 사유는 다양한 지식과 학문 속에서 논리성을 밝혀내고 본질적인 것을 끌어내는 능력을 가지고 있다. 다시 말해 연구를 통해 사전에 획득된 논리학의 추상적인 토대를 구체적인 경험 속에서 "논리적인 것의 추상적 토대를 온갖 진리의 내용으로 가득 채우는 힘, 그 내용에 보편자의 가치를 부여하는 힘이 되는 것이다. 이 보편자는 더 이상 하나의 특수자로서 다른 특수자들과 나란히 있는 것이 아니라 모든 특수자를 뒤덮는 것이며 그들의 본질, 즉 절대 진리이다."[65]

4. 《논리학》과 《철학백과》의 영향과 계보

헤겔의 영향력은 그가 생존해 있던 당시부터 이미 막강했다. 그의 제자들을 비롯한 헤겔주의자들은 대부분 헤겔식의 관점이야말로 인간과 세계를 둘러싼 온갖 중요한 문제들에 대한 해결책을 주리라 확신하고 활발하게 활동했다. 그 해결책이란 바로 이성과 현실, 자아와 공동체, 인간과 신의 동일성을 사람들이 인식하게 하는 것이었다. 그러나 헤겔식의 관점은 그 자체에 문제가 있음이 곧 드러나게 되었는데, 이는 그의 사상을 단지 되풀이하는 데 그쳐서는 안 되고, 좀 더 생산적이고 창조적인 논의를 펼쳐야 함을 의미했다.

헤겔주의 내의 분화를 불러온 첫 번째 문제는 이성의 보편적 구조와 이성의 자기 규정이 표명되는 현실 사이의 역사적인 관계에 대한 것이었다. 현존하는 문화, 정치 제도들, 공동체 윤리, 예술 창작, 종교 교리 등을 이성이 세계 내에서 완전히 구현된 것으로, 절대 정신의 역사적 실현으로 간주한다면 이는 도대체 어떤 의미에서인가? 전체에 대한 체계적인 앎을 성취했다는 헤겔의 주장은 현실 속에서의 이성 구현이 이미 완성되었음을 의미하는가?

헤겔이 죽고 난 후 그에 대한 비판이 점차 확산되어가면서 《논리학》뿐만 아니라 그의 체계 전체의 중심 문제였던 이성과 현실의 관계에 대한 논의 또한 본격화되었으며, 이에 따라 헤겔주의 내에서도 서로 다른 입장들이 나타났다. 첫 번째는 주로 대학 강단의 노장 학자들에 의해 제시된 것으로서, 특히 마르하이네케K. P. Marheineke, 힌릭스H. F. W. Hinrichs, 헨닝Leopold von Henning, 로젠크란츠Karl Rosenkranz 등이 대표적인 인물인데, 이들은 모두 조화와 화해의 입장을 견지하고 있었다. 흔히 '헤겔 우파', '노장 헤겔 학파'라 불리는 이들은 개혁 이후의 독일 국가, 특히 프로이센의 법 제도, 정치 제도는 세계 내에서의 이성의 완전한 실현을, 즉 절대 정신의 현실성을 이루고 있다고 확신했다. 따라서 남겨진 유일한 과제는 현실화된 이성을 대중이 인식할 수 있도록, 그리하여 집단적인 주관성으로 내면화할 수 있도록 철학을 교육하는 것이었다. 이러한 입장이 무엇보다 강조한 것은 이성의 진보적인 실현의 역사적 완성, 즉 헤겔 철학에서 자기 의식에 이르는 과정이었다.

반면 아직 학문적으로 안정되지 못한 젊은 세대 사이에서는 대체로 이성과 현실의 관계를 역동적이며 비판적으로 보는 입장이 지배적이었다. '헤겔 좌파' 또는 '청년 헤겔파'라고 일컬어지는 미래지향적이고 혁명적인 이 관점은 신학적인 논쟁에서뿐만 아니라, 사회·정치적으로도 함의하는 바가 컸다. 대표적인 사상가들로는 루게Arnold Ruge, 포이어바흐Ludwig A. Feuerbach, 바우어Burno Bauer, 슈트라우스D. F. Strauss 등이 있으며, 이 입장의 특징은 철학에서 성취된 신적인 것과 인간적인 것의 통일을 이론적이고 개념적으로 표명하는 것과 현존의 모든 차원에서 파편화되고 분열되어 있는 경험적인 현실 사이의 근원적 대립을 의식하고 있었다는 점이다. 나아가 이들은 헤겔의 개념적인 구조를 이미 포착된 과거의 역사가 아니라, 미래를 위한 행동의 기획으로 삼았다. 자기의식적인 자유 속에서의 절대자의 실현은 앎에 대한 전제가 아니라, 역사를 만들어가는 실천 대상인 것이다. 이러한 기획으로 철학의 추상적인 진리는 구체적인 언어로, 미래의 희망을 표명하는 새로운 '이성의 신화'로, 철학적으로 미숙한 사람들 사이에서 이러한 희망을 성취하기 위한 실천의 의지로 읽힐 것이 요구되었다. 프로이센에 의해 공식 신조로까지 채택되었던 헤겔 철학은 역설적이게도 자신을 인정해주었던 바로 그 국가 사회에 대한 강렬한 저항 세력을 낳았던 것이다. 그러나 헤겔에 대한 이러한 급진적인 해석은 결국 그의 사변철학이 지니고 있는 관념성과 종말론적인 성격을 부각시켜 신랄하게 비판하는 쪽으로 나아가게 되었다.

마침내 1841년 포이어바흐의 《기독교의 본질*Das Wesen des Christentums*》이 출간되면서 헤겔은 가장 우선적인 극복 대상으로 낙인찍혔다. 포이어바흐에 따르면 헤겔은 존재와 사유 사이의 모순을 지양하기는 하지만, 이는 단지 사유 속에서 가능할 뿐이다. 즉 헤겔은 인간과 철학을 포함한 그의 모든 산물이 발생하는 지반인 감성적인 자연 세계를 개념의 범주에 포함시켜버림으로써 존재와 사유의 관계를 전도시켰다는 것이다.

한편 1841년은 젊은 시절 헤겔의 절친한 친구이기도 했던 셸링이 헤겔을 본격적으로 공격하기 시작한 해이기도 하다. 그는 헤겔이 사물의 개념적 가능성인 본질에 천착함으로써 부정의 철학으로 귀결될 수밖에 없었다고 비판하면서, 이제 현존에 주목함으로써 긍정의 철학으로 되돌아가야 할 때라고 주장했다. 이는 애초에 청년 헤겔파의 혁명 세력을 막아보고자 하는 의도에서 나온 것으로, 키르케고르Søren Kierkegaard가 실존 철학을 기초하는 데도 영향을 미쳤다. 그가 선언한 '이성'과 '체계'의 붕괴는, 니체Friedrich Nietzsche, 후설Edmund Husserl, 하이데거Martin Heidegger에서부터 현대 프랑스 철학에 이르는 반(反)헤겔주의의 흐름을 형성하는 중요한 요소이기도 하다.

또한 헤겔은 밀J. S. Mill, 콩트Auguste Comte 등에 의해 시작된 실증주의의 주요 표적이 되기도 했다. 그들은 철학의 임무를 과학에 의해 수집된 실제적인 지식들을 정리하고 서술하는 것으로 간주하고 헤겔의 사변철학을 강력하게 비판한다. 그들은 모든 형태의 형이상학적 사변을 대체할 과학의 진보적 힘에 대한 믿음에 기반하여 감각 자료를 합리적으로 분석하고 사회를 과학적으로 개념화하는 데 집중한다.

그러나 대부분 헤겔 철학에 대한 선입견과 몰이해에서 나온 위의 비판들과는 달리, 헤겔과의 생산적인 대결을 통해 자신의 사상을 형성해간 한 범례로 마르크스Karl Marx를 떠올릴 수 있다. 실로 그는 스스로 인정하듯 헤겔의 제자인 동시에 비판자로, 헤겔의 저작들을 철저하게 탐구함으로써 그 현실적 의미를 간파해냈다. 마르크스에 따르면 특히 헤겔의 《논리학》은, 봉건 질서에서 근대 시민 사회로의 이행을 해명하는 열쇠를 제공하는 혁명적인 원리로, 변증법적 유물론의 원천이라 할 수 있으며, 나아가 자본을 이론적으로 분석하는 방법적 틀을 마련해준 동시에 프롤레타리아트 혁명의 복합적인 운동 과정에서 나타나는 여러 문제를 학문적으로 극복하는 데 유용한 척도를 제공한다. 요컨대 마르크스는 변증법적 운동 개념이나 역사 의식 같은, 헤겔 철학이 성취한 긍정적인 결과물을 자신의 혁명적인 세계관에 접목시켰던 것이다.

한편 이후의 많은 마르크스주의자들은 대개 혁명적인 운동의 원리로서의 '변증법'에 대해서는 동의하면서도 '체계'와 '방법'을 철저하게 분리함으로써 헤겔에게서 거리를 두었다. 그러나 이러한 경향에 맞서 마르크시즘에서의 헤겔적인 사유의 중요성을 다시금 강조하는 노력 또한 끊임없이 이어졌으며(코르쉬Karl Korsch의 《마르크시즘과 철학》, 루카치György Lukács의 《역사와 계급 의식》), 나아가 헤겔의 텍스트를 깊이 있게 분석해 사변적인 체계와 변증법의 관계를 진지하게 고찰하는 시도도 이루어졌다(레닌Vladimir Ilich Lenin의 《철학 노트》). 또한 20세기 중반 이후 정통 마르크시즘과는 다른 방식으로 현대 사회의 문제점, 특히 자본주의 사회의 본질과 현상을 규명하려는 다양한 시도 역시 헤겔에게 크게 빚지고 있음을 인정하지 않을 수 없다. 그들 각각이 부각시키는 헤겔의 면모들은 매우 다양하지만 말이다(사르트르Jean Paul Sartre의 《변증법적 이성의 비판》, 아도르노의 《부정의 변증법》, 마르쿠제Herbert Marcuse의 《이성과 혁명》, 블로흐Ernst Bloch의 《주체-객체》).

5. 《논리학》과 《철학백과》의 현대적 의미

오늘날 스스로 헤겔주의자라고 당당하게 나서는 사람은 매우 드물다. 그러나 또한 자신이 헤겔의 영향에서 자유롭다고 단언할 수 있는 사람 역시 거의 없을 것이다. 그러나 이것만으로는 오늘날의 헤겔 연구를 정당화하기에 부족한 것 같다. 한때 '죽은 개'로 치부될 만큼 고초를 겪었던 (지금도 상황이 그다지 호전된 것은 아니지만) 헤겔 철학을 오늘날의 철학적 상황에서 다시 의미 있는 것으로 만들기 위해서는 상당한 노력이 필요하다.

헤겔에 대한 비판자로 널리 알려진 베네데토 크로체Benedetto Croce는《헤겔 철학에서 살아 있는 것과 죽어 있는 것》(1907)이라는 저작을 통해 헤겔의 체계상의 약점을 지적하며 그것을 '범논리주의'라고 칭했다. 그에 따르면 헤겔의 과도한 체계성은 서로 구별되어 있고 환원 불가능한 실재성인 이념과 자연 사이의 이행을 낳았지만 이는 결코 정당화될 수 없다는 것이다. 그러나 다른 한편 크로체는 헤겔의 커다란 공헌을 인정했는데, 이는 바로 헤겔이 사유의 형식 속에 담겨 있는 구체적이고 현실적인 앎을 입증했다는 데 있다.

오늘날에 행해지고 있는 헤겔에 대한 비판과 재해석들의 대부분은 사실상 위에서 언급된 헤겔의 강점과 약점, 즉 이성과 현실, 사유와 실재의 통일 문제를 주축으로 하는 그의 변증법과 체계에 관한 논의에서 크게 벗어나지 않으며, 더욱이 수많은 현대 철학들은 이에 기반하여 자신의 사상을 전개해왔다. 니체, 키르케고르, 마르크스, 하이데거, 사르트르, 아도르노 그리고 데리다와 들뢰즈에 이르기까지 많은 사상가들이 단순히 형식적인 차원을 넘어서 나름대로 깊이 있는 연구를 통해 헤겔을 공격하고 이용하고 재해석하면서 자신의 철학을 형성했다는 사실은 역설적이게도 오늘날 여전히 헤겔이 우리의 탐구 대상이 될 수밖에 없는 필연성을 제공한다. 게다가 최근 전 세계에 걸쳐 위세를 떨치고 있는 분석철학적 입장들은 오히려 자신에 대한 반동으로서 전통 철학, 특히 헤겔 철학의 현재적 의의에 대한 관심을 불러일으켰으며, 또한 분석철학 내부에서조차도 고립적인 분석들의 한계를 넘어서고 인식론상의 쟁점들을 해결하기 위해서는 형이상학적인 문제를 함께 고려해야만 함을 절감하면서 헤겔식의 시도에서 도움을 구하고자 하는 경향이 나타나고 있다.

이러한 상황에 대해 또다시 "헤겔 르네상스가 오고 있다"[66]고 말하는 이들도 있으나, 우리에게 중요한 것은 헤겔의 복권 여부가 아니라, 지금 우리의 좌표를 올바로 그리기 위해 헤겔에게서 무엇을 배울 수 있는가이다. 헤겔 철학이 지니고 있는 최대의 미덕은 바로 자신과 더불어서 자신을 뚫고 나아갈 수 있는 길을 열어주었다는 점이다. 이제 헤겔이 몸소 걸었던 사유의 길에서 놓치지 말아야 할 몇몇 지점들을 언급함과 동시에 그간 널리 퍼져 있었던 헤겔에 대한 오해도 해명하고자 한다.

우선 무엇보다도 헤겔에 대한 연구는 철학사에 대한 관심과 함께 이루어져야 함을 강조하고 싶다. 이는 헤겔 스스로가 철학사 탐구를 가장 본질적인 철학 탐구로 간주하고 철학은 바로 그 역사 자체임을 역설하면서, 선행하는 철학들의 성과와 한계들을 밝혀내는 가운데 자신의 철학을 형성했기 때문이다. 나아가 다원주의를 넘어서 무정부 상태에 가까운 오늘날의 이론적 지형 속에서 역사적인 연관을 검토하는 것은 실로 절실한 것이며, 이는 '메타 철학'이라 불릴 만한 것에 대한 요구로 이어진다. 헤겔은 '철학이란 무엇인가'를 규명하는 일을 자신의 철학의 가장 중요한 과제로 삼았으며, 이를 위해 다양한 철학적 입장의 구조적 연관성을 밝히고 그것들을 하나의 총체성으로 파악했다는 점에서, 메타 철학적인 시도를 보여주었다. 철학은 그 방법과 전제에 대해서 어떤 다른 더 고차적인 지식에 의존하는 것이 아니라 스스로 의식해야만 한다. 바로 이러한 비판적인 자기 의식에 의해 철학은 일면적이고 불완전한 입장에서 '절대적 앎'을 향해 변증법적으로 운동할 수 있는 것이다. 따라서 온갖 사상이나 학문들은 그 연관 관계 속에서야 비로소 올바로 이해될 수 있으며 이로써 생성되는 전체야말로 현실적이고 참된 앎으로서의 철학 '체계'인 것이다.

헤겔의 '체계'나 '총체성' 개념은 많은 비판자들이 공격하는 것처럼, 전체주의의 원조로 내세워질 만큼 그렇게 폐쇄적이거나 저 높은 곳에서 고상하게 내려다보며 만들어낸 완성된 그림이 아니며, 모든 것을 알 수 있다는 오만함의 결과물도 아니다. 그는 끊임없이 제기되는 철학적 문제들에 대해 일면적인 관점이나 서로 고립된 채 전문화된 지식들로는 해결책을 제시할 수 없음을 깨닫고 전체를 바라볼 수 있는 시선을 보여주고자 했던 것이다. 이런 의미에서 헤겔은 형이상학과 논리학, 존재론과 인식론, 윤리학과 정치학 등이 결코 분리되어 있을 수 없다고 보았다.

그렇다면 헤겔 철학에서 그 체계와 변증법을 분리시켜 사고하고 이에 관해 문제를 제기하는 여러 입장들 또한 헤겔의 본래 의도에서 크게 벗어난 것이라 할 수 있다. 헤겔이 누차 강조했듯이, 철학에서 방법과 대상, 형식과 내용은 통일되어 있다. 따라서 헤겔의 변증법은 단순히 논리적인 사유 방식만을 가리키는 것이 아니라 객관적인 현실의 운동을 드러낸다. 좀 더 정확하게 말하면 현실의 역사적인 운동 과정에서 나타나는 내적인 연관 관계를 사유 범주의 논리적인 관계 속에서 서술하는 것이 바로 《논리학》의 과제이자 변증법의 성립 근거인 것이다. 따라서 헤겔의 변증법은 우리의 앎이 어떤 특정 단계에서 부딪히게 되는 불일치와 모순을 드러냄으로써 앎의 내재적이고 필연적인 비판을 통해 발전할 수 있게 한다. 이와 같은 앎의 발전 과정 전체가 바로 체계이며, 이는 변증법의 긍정적, 진보적 측면을 가리키는 것이라 할 수 있다. 달리 말하면 전체로서의 세계의 생성과 운동 과정을 개념적으로 표현하는 것이 바로 변증법인 것이다.

헤겔이 진리로 추구했던 '전체'는 결코 고정되어 있는 것이 아니라 끊임없는 과정 속에 있다. 즉 전체는 이제까지 생성된 세계에서 종결되는 것이 아니라, 여전히 열려 있는 진행 그 자체인 것이다. 그러나 이것은 결코 어떠한 지평도 없이 고립되어 있는 시도가 아니라 내적인 필연성에 의해 연결되어 있는, 어떤 경향을 지닌 진행이다. 따라서 우리가 헤겔에게서 물려받은 가장 소중한 유산은 바로 우리는 어디에서

왔으며 어디를 향해 가고 있는가에 대한 끊임없는 탐문의 절실함을 일깨워준다는 점이다.

헤겔의 용어들은 이미 비전공자들에게도 어느 정도 익숙한 것들이기는 하나, 그 복합적인 함의에 대해서는 충분히 알려지지 않은 탓에 종종 오해받아왔다. 따라서 아무 선입관 없이 헤겔의 '말'에 귀 기울이고 그 본래의 의도를 파악할 수 있게 하는 길잡이로서 부족하나마 '용어 해설'을 덧붙인다.

용어 해설을 위해서 Michael Inwood의 *A Hegel Dictionary* (Oxford, OX, UK; Cambridge, Massachusetts, USA Blackwell,1992)와 *Historisches Wörterbuch der Philosophie*(Base/Stuttgart: Schwabe & Co. G, 1971)를 주로 참조했다.

1. 자신에 즉한, 그 자체에서an sich, 자신에 대한, 그 자체로서, 독자적für sich/즉자대자적an und für sich

흔히 '즉자'라고 번역되는 'an sich'와 '대자'라고 번역되는 'für sich'는 독일어의 일상적인 용법에서는 큰 차이가 없다.

두 가지 모두 다른 어떤 것과 연관되지 않고 그 자체로 존재하는 상태를 가리킨다. 이 중에서 헤겔 시대에 확고한 철학적 의미를 지니고 있었던 것은 'an sich'뿐이었는데, 이것은 아리스토텔레스에게서 유래한 것으로 '그 자체로서 절대적으로 다른 어떤 것과도 연관되지 않고 있음'을 의미하며 플라톤의 형상이나 이데아Idea를 뜻한다. 칸트에게 '물자체Ding an sich'는 우리의 인식 저편에 따로 떨어져 있는 것을 의미하는데, 이때의 'an sich'는 'für sich'와 대립적인 의미를 지니는 것이 아니라 'in uns(우리 속에)'와 대립되는 것이다. 그러나 헤겔의 경우는 다르다. 유한한 사물은 오직 다른 것들과의 관계에 의해서만, 즉 부정을 통해서만 규정적인 성질을 지니기에 순전히 '자신에 즉해 있는 것'은 결코 규정적인 특성을 드러내지 않는다. 그것은 다른 것과의 연관 속에서만 현실화될 잠재적인 특성을 지니고 있을 뿐이다. 이렇게 '자신에 즉해 있는 것'의 잠재성은 자신에게는 의식되지 않지만 우리에게는 알려져 있으며, 칸트의 '물자체'처럼 전적으로 그 자체에만 머물러 있는 것이 아니라 우리가 그 잠재성에서 끌어낼 수 있는 현실적인 특질들을 가지고 있다.

헤겔에게서 'für sich'는 우선 'an sich'와 대립한다. 그러나 주로 사물의 본질을 가리키는 '자신에 대한, 그 자체로 있는 존재'는 단지 '자신에 즉해 있는 존재'뿐만 아니라 '타자에 대한, 타자를 위한 존재'와도 대립적이다. 가령 'an sich'(씨앗)가 현실적인 것과 대립하는 의미에서는 내재적인 가능성, 즉 하나의 가능성이자 능력이지만 아직 완전히 전개되지 않은 것을 가리킨다면, für sich는 자신을 전개하여 '현존재'(열매)에 들어서게 되면서 하나의 대상, 즉 '타자에 대한 존재Sein für Anders'가 된다. 이것은 '자신에 즉해 있는 존재'를 현실화하는 동시에 조건 짓고 제한하는 것으로, 규정된 존재인 현존재의 한 계기를 이룬다. 그러나 여기에서 나아가 '자신에 즉해 있는 존재'와 그것이 충분히 전개되어 획득된 현존재의 동일성이 획득될 때, 이러한 존재를 헤겔은 '자신에 대한 존재Fürsichsein'라고 칭한다. 그러나 자연의 영역에서는 이 동일성이 단지 '우리에 대해서für uns'만 존재하며, 따라서 그것은 자신에 즉해 있는 상태에 머물러 있게 된다. 이에 반해 정신은 타자에 대해 있으면서 동시에 자신에 대해 존재한다. 정신은 스스로를 자신의 대상으로 산출하며, 그리하여 자신의 타자 속에서 자기 자신으로 회귀하여 스스로를 의식한다. 자신을 올바로 새롭게 알기 위해서 스스로를 낯설게 만드는 이러한 운동이 바로 자기 관계로서의 의식이다.

이렇게 자신의 한계인 '타자에 대한 존재'를 넘어서 자신에게 회귀한 '자신에 대한 존재'가 자신의 내재적인 힘이었던 '자신에 즉해 있는 존재'와 통일을 이루는 것이 바로 '즉자대자적인 존재'이다. 이것은 절대적으로 규정된 존재, 즉 무한한 존재로, 바로 실체의 진리인 '개념'에서 성취된다. 왜냐하면 개념이야말로 자기 자신의 본질적인 정립이며 자유이기 때문이다. 개념 속에서 '자신에 즉해 있는 존재'는 '자신에 대한 존재'의 규정을 내포하며, 그 반대 또한 마찬가지다. 양자는 실로 '총체성'이 되며 여기에서 의식은 자신의 존재와 완전히 하나가 되는데, 이 즉자대자적인 개념이 곧 절대적 이념으로서의 정신인 것이다.

2. 지양Aufhebung

이 용어에는 세 가지 의미가 담겨 있다. ① 들어 올리다, ② 폐기하다, 취소하다, ③ 보존하다. 보통은 이 중 어느 하나가 경우에 따라 사용되지만, 헤겔은 이 세 가지 의미를 동시에 사용한다. 특히 대립적인 의미를 가지는 ②와 ③이 한 단어에 내포되어 있다는 점은 사변적인 사유의 한 특징이기도 하다.

한 단어가 두 가지 이상의 의미를 지닐 경우, 헤겔은 의미 각각에 항상 똑같은 무게를 두지는 않았다. 그러나 어떤 한 의미가 지배적으로 사용될 때에도 다른 의미가 계속 작용하고 있으며, 결코 완전히 배제되지 않는다. 오히려 헤겔은 여러 개념의 서로 다른 의미들을 체계적으로 연관시키는데, 가령 어떤 것이 지양된다면 그것은 매개되고 반성된 것이며, 그것과 대립되는 것까지도 포함하고 있는 전체의 한 계기가 된다. 따라서 지양은 어떤 긍정적인 결과를 산출하는 '규정된 부정bestimmte Negation'과 유사하다. 지양에서 나온 결과,

즉 대립적인 것들을 계기로서 보존하고 있는 전체는 반드시 지양된 규정보다 더 높은 단계의 것이며, 따라서 그것의 진리라 할 수 있다. 이런 의미에서 ①의 의미인 고양 또한 헤겔의 지양 개념을 이루는 요소인 것이다.

헤겔의 다른 많은 용어와 마찬가지로 지양은 개념과 사물 둘 다에 적용된다. 《논리학》에서 '존재Sein' 개념과 '무Nichts' 개념은 규정된 존재로 지양되고, 일반적으로 더 낮은 단계의 규정들은 더 높은 것으로 지양된다. 사유의 전개 과정상 초기 단계들은 후기 단계로 지양되며 따라서 이전의 철학들은 헤겔 철학 속에서 폐기되는 동시에 보존된다. 헤겔은 종종 개념의 논리적인 지양과 사물의 물리적인 지양을 융합한다. 가령 '죽음'은 개체의 지양이며 이로써 '유(類, Gattung)'와 '정신'이 등장하게 된다. 이때의 지양은 물론 물리적인 것이지만, 그 지양의 결과는 물리적인 과정이 아닌 논리적인 과정에서 나온 것이다. 이런 식으로 헤겔은 개념의 전개와 사물의 전개 사이의 깊은 연관성을 간파했는데, 이것이야말로 그의 사변적 논리학의 본질적인 특징이다.

3. 개념Begriff / 개념 파악하다begreifen

'개념 파악하다begreifen'라는 동사는 '움켜쥐다, 잡다'라는 뜻의 독일어 greifen에서 나온 것으로 '이해하다, 파악하다'라는 의미를 지닌다. 그러나 이것은 보통 '이해하다'라는 의미로 사용되는 verstehen보다 좀 더 좁은 의미로 포착 또는 포함하려는 노력을 함축한다. 칸트에 이르기까지 '개념Begriff'은 주로 '직관Anschauung'과 대비되어 '보편적인 표상 또는 여러 대상들에 공통적인 것에 대한 표상'이라는 의미로 사용되어 왔다. 그러나 헤겔에게서 '개념'은 보편적이기만 한 것도 그렇다고 어떤 표상도 아니며, 대상들이 공유하는 것을 가리키는 것도 아니다.

예나 시절 이후 헤겔은 철학은 직관적이거나 열정적이기보다는 개념적이어야 함을 확신하고, 특히 《논리학》에서 그 중요성을 강조한다. 여기에서 '개념'은 '존재', '본질' 등과 구별되며, 판단이나 추론과도 구별됨으로써 다양한 측면을 갖지만, 무엇보다 가장 중요한 특징은 헤겔이 결코 개념을 주체나 객체와 분리시켜 생각하지 않았다는 사실이다. 즉 칸트의 경우 이념의 능력인 이성과는 달리 개념의 능력인 오성은 직관을 통해 객관 세계에 접근하는데, 이때 감각적 직관에서 추상되어나온 개념은 자아와도 대상과도 구별되는 것이라는 생각을 헤겔은 거부한다. 개념은 실로 세계와 자아 양자의 본질을 이루는 것으로, 파편화된 추상에 의해서는 결코 획득될 수 없는 '체계' 전체를 자기 전개를 통해 형성해간다.

4. 규정Bestimmung

일반적인 논리학에서 '규정'은 어떤 한 개념에 다른 것과 구별되는 특질들을 부여함으로써 그 개념의 '한계를 정함'이라는 의미로 사용된다. 그러나 헤겔은 좀 더 다양한 맥락과 의미에서 '규정'이라는 용어를 사용한다. 《논리학》에서 '규정성(질)Bestimmtheit'은 제1부 '존재론'의 첫 부분의 제목인데, 여기에서 규정성은 '양'이나 '척도Maß'와 대비되는 가운데 '질적인 특성'을 가리키는 일반적인 용어다. 또한 헤겔은 '규정은 부정이다'라는 스피노자의 명제를 받아들여, 한 사물이나 개념은 단지 그것과는 다른 방식으로 규정되는 다른 사물이나 개념들과 대조됨으로써만 규정된다고 생각한다. 따라서 규정은 어떤 것의 내재적인 특질인 동시에 다른 것들과의 외적인 관계를 드러낸다. 이렇게 보면 헤겔의 '존재론'이 출발점으로 삼는 존재의 비규정성Unbestimmtheit은 그 자체로 일종의 규정성이다. 왜냐하면 존재의 비규정성은 질의 규정성과 대조, 구별되기 때문이다.

《논리학》에서 다루는 개념들에 대해서 특히 '사유 규정들'이라는 용어가 사용되는데, 이는 사유가 스스로를 규정하는 방식을 가리키는 것으로, 하나의 사유 규정은 또 다른 사유 규정으로 계속 옮겨갈 수밖에 없음을 본질적인 원리로 삼는다. 규정은 종종 '개념'과 등가적인 것으로 간주된다. 어떤 것이 자신의 규정을 실현한다면 그것은 또한 자신의 개념을 실현하는 것이다. 그러나 개념은 상대적으로 비규정적이지만 규정은 스스로를 규정하는 것이고 결국은 처음의 보편성으로 회귀하게 되는데, 이 보편성은 물론 그 과정 속에서 획득된 새로운 규정성에 의해 더욱 풍부해진 보편성이다.

5. 사변Spekulation

칸트에게 이론적 인식은 경험에서는 획득될 수 없는 어떤 대상이나 대상의 개념을 목적으로 하는 한에서 사변적이다. 이것은 가능한 경험 내에서 주어지는 대상이나 그 술어들만을 다루는 자연적, 인과적 인식과는 다르다. 칸트는 이러한 구별을 신 존재 증명 등에 적용해 설명한다.

그러나 헤겔의 사변은 경험을 초월하지 않는다. 경험적인 일상 세계에서 출발하여 사태와 그 이해들 간의 체계적인 연관과 통일성을 사유함으로써 제한적인 모든 사유를 궁극적으로 정초하는 것이야말로 헤겔이 말하는 사변적인 이성의 역할이다. 따라서 헤겔의 사변철학은 반성철학과 대조적이다. 비록 대립적인 것들의 반성이 사변 속에 포함되어 있긴 하지만, 그것은 단지 사변적인 논리학의 한 국면에 불과하다. 헤겔이 말하는 '사변'의 가장 큰 특징은 그것이 대립적이고 명백히 구별되는 사상이나 사물을 통일하는 데 있다. 따라서 이것은 분석적인 오성과는 매우 다르며 오히려 시적인 상상력과 비슷해보이기도 한다. 하지만 분명 사변은 개념적인 것이며 오성의 작용을 전제한다.

헤겔의 '사변'은 칸트 이전의 형이상학의 독단론과도 충돌하는데, 이 독단론은 상반되는 술어 중 대상에 적용할 수 있는 것은 오직 하나뿐이라고, 가령 세계는 유한한 것 아니면 무한한 것이지 둘 다일 수는 없다고 주장한다. 반면 사변적인 사유는 두 개념을 통일하며, 세계는 유한하면서도 무한한 것으로 간주한다. 또한 사변은 긍정적인 의미에서 이성적인 것으로서, 차이를 정립하는 오성과 그것을 다시 붕괴시키는 부정적인 이성 다음의 세 번째 사유 국면을 이룬다. 결국 사변은 단순히 주관적인 것이 아니라 주관과 객관의 대립을 지양하는 것이며, 이런 의미에서 헤겔은 종종 자신의 철학과 논리학을 사변적인 것으로 특징짓는다.

6. 반성Reflexion

헤겔은 초기 저작들에서 철학의 한 방법으로서 반성에 관심을 가지고, 자신이 평가하기에 칸트, 야코비, 피히테의 사상에서 정점에 이른 반성철학을 깊이 있게 다룬다. '반성'의 특징은 첫째, 주어진 것을 단순히 받아들이기만 하는 것이 아니라 그것들에 대해 곰곰이 생각해본다는 것이며, 둘째, 거기에서 일반적인 개념들의 대립쌍을 추상해낸다는 것이다. 즉 그것은 믿음과 이성, 유한과 무한, 주체와 객체 등과 같은 것들을 계속 분리시키고자 한다. 셋째, 따라서 반성은 자기 자신, 곧 반성하는 주체를 반성의 대상인 객체와 구별되는 것으로, 반성에 대해 외재적인 것으로 간주한다. 이런 의미의 반성은 오성과 유사하며 직관이나 사변과는 대조적이다. 그것은 인식의 유한한 형식에 제한되어 있기 때문에 절대자를 정당화할 수 없다. 예를 들어 '그것은 유한하지 않다'라고만 말함으로써 결국 절대자를 제한하고 마는 것이다. 헤겔은 종종 이러한 유형의 반성을 '외적인 반성'이라고 말한다.

보통 반성은 인간이 진보하는 데 필수적인 특질로, 사실 우리는 자신의 감정을 반성하고 그것에서 거리를 둠으로써 자기 의식을 성취할 수 있다. 즉 욕구와 충동을 반성함으로써 이것을 조화롭게 만들고 합리적인 결정을 내릴 수 있다. 이런 의미에서 반성은 자신의 대상을 초월하여 자기 자신에게로 물러나, 더 높은 관점에서 스스로를 되돌아볼 수 있음을 뜻한다. 그럴진대 단순히 직접적인 믿음이나 직관으로 되돌아가기 위해 반성철학이 거부되어서는 안 된다. 반성은 실제적인 문화에서나 철학적 사상에서 필수적인 단계로서, 중요한 점은 자신이 정립해놓은 그 대립에서 더 나아가 계속 반성하고 그리하여 대립을 극복하는 것이다. 따라서 본래 반성은 단지 사물이나 개념들에 적용되는 외적인 활동이 아니라 오성과 마찬가지로 사물과 개념 자체에 내재된 것이다. 우리의 반성은 대상의 반성에 적합하게 되면 될수록 점점 더 올바른 것이 된다.

《논리학》에서 헤겔은 빛의 반사와 대상에 대한 정신의 반성을 연관시키며, 반성을 좀 더 자세하게 설명한다. 어떤 표면에 광선을 쏘면 그 빛은 더 이상 아무런 매개 없는 직접적인 것이 아니라 반사된 것이다. 이와 같이 우리가 한 대상에 대해 반성하면 우리는 그것을 본래대로 둘 수 없게 된다. 이런 측면을 가리켜 헤겔은 '본질의 가상Schein'이라 부르며, 이와 관련하여 반성을 세 국면으로 나눈다.[67]

① 정립하는 반성: 이것에 의해 본질은 자신의 고유한 규정을 지니게 된다. 본질은 자신에게 미리 전제되어 있는 가상을 정립함으로써 비로소 본질일 수 있으며, 마찬가지로 가상 또한 오직 본질에 의해 정립함으로써만 가상일 수 있다. 따라서 본질은 반성의 과정을 통해 가상에서 반조되어 드러나는 동시에, 자기 자신에게로 반조된다. 이제 본질은 더 이상 직접적인 존재가 아니라 연관되는 규정인 가상의 정립과 더불어 정립되고 매개된 동일성을 획득하게 된다.

② 외적인 반성: 처음 존재의 직접성은 자신을 정립함으로써 지양되고 부정되지만, 또한 동시에 이러한 정립 자체가 지양되기도 하는데, 이 '부정의 부정'을 행하는 것이 외적인 반성이다. 그러나 이것은 단지 대상의 바깥에 놓여 있는 것이 아니라 존재의 직접성에 내재해 있는 것임이 드러난다는 점에서, 칸트가 '규정적 판단'과 '반성적 판단'으로 구별했

던 것을 헤겔은 함께 포괄한다고 할 수 있다. 가령 우리가 하나의 실체에 적용하기 위한 보편자를 구할 때, 그 실체는 이미 자신의 직접성 속에 있던 그대로 머물 수 없다. 사실 실체는 보편자와 관계를 맺음으로써만 하나의 특수자가 될 수 있는 것이다. 따라서 보편적인 본질은 하나의 실체를 정립하고 그것을 특수한 것으로 만드는 가운데 스스로 보편적인 것이 된다.

③ 규정하는 반성: 이렇게 외적인 반성의 부정성은 다시금 긍정적인 것이 되면서 앞의 정립하는 반성과 통일되는데, 이것이 규정하는 반성이다. 객체(대상)에 대한 주체의 반성은 객체의 내재적인 반성을 반조한다. 그런데 주체는 객체와의 반성적인 상호작용 속에서 비치는 본질인 만큼, 객체에 대한 주체의 반성은 주체에게도 내재적이다. 따라서 주체의 자기 내 반성(순수 자아)은 객체의 자기 내 반성(본질)을 반조한다. 나아가 규정하는 반성은 '동일성과 차이'와 같이 하나의 본질에 적용될 수 있는 개념쌍들, 즉 본질성들을 포함한다. 위에서 말한 주체와 객체처럼 그러한 개념쌍들은 상대방 속에서 반조되고, 그런 다음 그들 자신에게 되돌아간다. 외적인 반성이 이것들을 끊임없이 분리하려 함에 반해, 규정하는 반성에서는 대립자들이 마치 자석이 N극과 S극처럼 서로를 구성하는 것이다.

7. 체계System

볼프는 체계를 '서로 간에, 또 자신의 법칙들과 관계맺는 진리들의 모음'이라고 정의한다. 나아가 칸트는 체계를 학문과 관련시켜 '다양한 인식을 하나의 이념 하에 통일시키는 것'이라고 설명한다. 이념은 전체의 형식에 대한 이성적인 개념이며, 이때 개념은 전체의 범위와 상호 연관되는 부분들의 위치를 선험적으로 규정한다. 체계는 그 개념 속에 포함되어 있는 목적에 의해 지배되므로 단지 외적으로만 관련되는 것들을 한데 모아놓은 것이 아니라 유기적으로 성장할 수 있는 것이다.

헤겔 또한 칸트의 체계 개념을 받아들여 학문과의 연관성을 고려한다. 예나 시절부터 헤겔은 줄곧 철학은 체계적이고 학문적이어야 함을 주장해왔다. 그러나 그는 형식주의, 즉 부적절하고 인위적인 도식을 경험적인 질료에 적용하는 태도에 비판적이었으며, 가령 스피노자처럼 미리 전제된 정의와 공리에서부터 나아가는 체계를 반대했다. 체계 없는 철학이 전적으로 비학문적일 수밖에 없는 이유는 다음과 같다.

① 철학의 대상, 즉 이념이나 절대자는 그 자체로 하나의 체계를 형성한다. "참된 것은 구체적인 만큼, 오직 자신 속에서 스스로를 펼쳐가고 한데 통일되어 결합해 있는 것, 즉 총체성"[68]이다. 이를 정당화하기 위해서 철학은 체계에 내재되어 있는 상호관계를 드러냄으로써 그 구조를 그대로 보여주

어야 한다.

② 학문의 체계는 우리가 다루고자 하는 것과 그에 대한 우리의 주장이 개인의 특이한 성향 이상의 것을 표현함을 보증한다. 어떤 내용도 그것이 한 계기를 이루고 있는 전체와 유리되어서는 정당화될 수 없으며, 만약 그렇게 되면 단지 근거 없는 전제나 개인적인 확신이 되고 만다. 따라서 체계와 학문은 이러한 개인적인 요소들을 제거해야 한다.

헤겔에 따르면 철학 체계는 여러 체계들 중 하나를 선택하여 형성되는 것이 아니다. 체계란 다른 원리들과는 구별되는 제한된 원리를 지닌 하나의 철학이 아니다. 참된 철학의 원리라면 특수한 원리들을 모두 담고 있어야 한다. 헤겔은 종종 철학, 특히 그 자신의 철학을 '학문'이라 일컫는데, 이는 학문은 오직 하나임을 함축한다. 즉 헤겔의 철학은 모든 특수한 철학 원리들을 포함하고 있다는 점에서, 또 다른 하나의 철학이 아니라 철학 그 자체이며, 이는 또 학문 자체이기도 하다. 왜냐하면 철학은, 단지 정보를 한데 모아놓거나 자의에 바탕을 두거나 실증적인 것이 아닌 한에서 여타의 학문들을 포괄하기 때문이다. 참된 학문은 사유 규정들을 사용하는데, 사유 규정들은 유한한 것인 만큼 그 학문의 영역 자체를 문제 삼고 더 고차적인 영역으로 이행하기에, 한 학문은 다른 학문들과 떨어져 있을 수 없다.[69]

헤겔에 따르면 철학으로서의 학문은 하나의 원환을 형성

하게 되며, 그것이 포함하는 특수한 학문들도 각각 하나의 원환을 형성한다. 전체의 부분이자 그 자체가 총체성인 개별 학문들은 자신의 한계를 뚫고 그 이상의 영역을 기초하는 것이다. 그리하여 학문은 "원환들로 된 하나의 원환"[70]을 형성하며, 이것이 바로 체계로서의 철학이다. 그 주요한 영역은 논리학, 자연 철학, 정신 철학이지만, 더 특수한 학문들도 이 영역들 내에 있다(《철학백과》는 특수한 학문을 모두 제시하는 것이 목표가 아니라 다만 이것들의 출발 지점과 근본 개념들을 규명하고자 하는 것이다).

헤겔이 체계로서의 철학을 기획한 바탕에는 다음과 같은 신념이 놓여 있다. 즉 전체로서의 세계는 하나의 지성적인 체계를 형성하며, 이것을 간파하고 반성하는 것이 바로 우리의 임무라는 것, 지식을 조직하는 부문들은 공통의 이성적인 틀을 공유하고 있기 때문에 논리적으로 서로 연관되어야 한다는 것, 한 체계의 부분들은 서로 떨어져 고립되어 있는 상태로는 완전히 파악되지 않는다는 것이다. "진리는 전체다."[71]

8. 매개Vermittlung

'매개'와 반대의 의미를 지니는 '직접성'의 경우, 보통의 철학에서는 주로 인식론적인 용어로 사용된다. 직접적인 확실성이란 추론이나 증명에 의해 매개되지 않은 확실성을 말하는데, 헤겔이 보기에 이 직접적인 확실성 이론의 대표자는 야코비다. 그에게서 현상 세계의 실재성에 대한 지식은, 아니 더 정확히 말하면 믿음은 증명을 요구하지도 인정하지도 않는 확실성을 포함하는 것이다. 이에 반해 헤겔은 이미 종교적인 영역에서는 중요성이 인정된, 신과 인간 사이의 매개뿐만 아니라 정신과 육체, 국가와 개인 등에도 강한 대립이 존재하며 따라서 매개가 필요함을 간파했다.

따라서 헤겔에게서 '매개'는 종종 서로 다른 두 항을 제3의 항으로 통일하는 것을 뜻한다. 가령 보편자와 개별자는 특수자에 의해 통일된다. 그러나 매개와 직접성은 좀 더 광범위하게 사용되기도 한다. 직접적인 것이란 다른 것과 연관되어 있지 않은 단순한 것, 기초적인 것, 즉 시원을 이루는 것이다. 반면 매개된 것은 다른 것들과 연관된 복합적인 것, 전개된 것, 즉 결과로 나온 것이다.

그런데 매개와 직접성의 대립은 그 자체에 매개가 필요한 것이며, 그 결과 순전히 직접적이거나 순전히 매개된 것은 없으며 모든 것은 직접적이면서도 매개되어 있는 것이라 할 수 있다. 예를 들면 '순수 존재'는 직접적인 것이지만 그것에 대한 사유가 《정신현상학》에서 서술된 도야 과정의 결과물이며, 경험적인 세부 사항들에서 추상해내는 특별한 노력을 전제하는 한 매개된 것이기도 하다. 반대로 '본질'은 매개된 것이면서 또한 직접적인 것이기도 한데, 단지 논리적 이념의 한 특정 단계일뿐만 아니라 질, 양, 척도 등의 외적인 복합성에서 내적인 단순성으로 되돌아감을 함축하기 때문이다.

이렇듯 '매개'와 '직접성'은 동시에 모든 것에 적용되지만, 헤겔은 직접적인 것과 매개된 것을 상대적으로 구별한다. 한편 어떤 것이 직접적인 것이 되는 데에는 두 가지 방식이 있다. 첫째, 씨앗이나 순수 존재처럼 관련되는 매개 유형이 없어서 직접적인 것, 둘째, 자신의 매개를 직접성으로 지양하는 것, 가령 양분이나 환경 같은 성장 조건들은 나무라는 직접성으로 지양된다. 따라서 '순수한 직접성—매개—매개된 직접성'이라는 순환 구조가 성립한다. 이러한 과정은 나선형을 이루면서 계속 반복된다. 가장 큰 순환은 물론 전체 세계에서 이루어지는 것으로, 논리적 이념—자연—정신의 관계로 드러난다. 이들 각각은 순수한 직접성이자 다른 둘을 매개하는 것이며 또한 매개된 직접성이기도 하다.

9. 모순Widerspruch

보통의 논리학에서 '모순'은 두 가지 의미를 지닌다. 좁은 의미로, 두 명제나 개념 중 하나가 다른 하나의 부정일 때 서로 모순된다는 것, 넓은 의미로 두 명제나 개념들이 서로 논리적으로 양립할 수 없을 때 서로 모순된다는 것이 그것이다. 아리스토텔레스 이래로 모순율은 최고의 사유 법칙으로 간주되어 왔다. "동일한 사물이 어떤 것에 속하면서 동시에 속하지 않는 일이란 불가능하다"(아리스토텔레스). "A는 A가 아닌 것이 아니다"(라이프니츠). "하나의 술어는 그것과 모순되는 어떤 것에도 속하지 않는다"(칸트). 칸트는 모순을 진리의 부정적인 척도로 간주했다. 서로 모순되는 두 명제는 결코 둘 다 참일 수 없으며, 자기 모순적인 하나의 명제 또한 참일 수 없다. 그러나 일찍이 일부 철학자들은 우리의 사고뿐만 아니라 세계 자체도 대립과 모순을 담고 있다고 주장했다. 가령 헤라클레이토스는 세계를 모순의 관점에서 서술하면서, 세계는 로고스에 의해 지배되므로 우리의 사고나 언어에 담겨 있는 모순과 세계 자체의 모순을 분명하게 구별할 수는 없다고 보았다.

청년 시절 헤겔은 모순율과 종교적 진리 사이의 충돌을 간파하고 신적인 것에 관해 반성의 언어로 표현된 것은 모두 다 모순적일 수밖에 없음을 주장하면서, 1800년대 초부터 종교와 삶을 화해시킬 수 있는 새로운 논리학을 구상했다.[72] 결국 헤겔이 모순에 관해 도달한 지점은 다음과 같다. 우리는 사고 영역에서의 주관적인 모순과 사물 내에 있는 객관적인 모순들을 잠정적으로 구별할 수 있는데, 전통적인 논리학은 객관적인 모순의 가능성을 배제하고 주관적인 모순의 발생만을 인정한다는 것이다. 이런 의미에서 칸트는 전체로서의 세계를 사유하면서 불가피하게 빠질 수밖에 없는 모순 또는 이율배반이 있음을 주장했다. 그러나 헤겔은 이러한 모순들이 칸트가 생각한 것보다 훨씬 더 널리 퍼져 있으며 또한 심오한 의미를 지니고 있음을 강조했다.

헤겔에 따르면 고립적으로 취해진 유한한 사상이나 개념은 모순을 포함하며 사유는 스스로 모순을 극복하려는 충동을 지니고 우선은 무한히 후퇴함으로써 이를 해결하려 한다. 그러나 올바른 해결책은 더 고차적인 새로운 개념으로 이행하는 것인데, 이것은 처음의 개념과 내적으로 연관되어 있는 동시에 거기에서의 모순을 해소한다. 그런데 이 새로운 개념도 모순을 지니고 있기 때문에 사유는 계속해서 모순을 드러내고 또 극복함으로써 앞으로 나아가며, 이 과정은 결국 어떤 모순에서도 해방된 자유로운 절대 이념에 이른다. 절대 이념이란 오성의 고정된 개념으로는 파악되지 않는, 신과 같은 실체를 개념화할 수 있는 것으로 오성에게는 모순적으로 보일 수밖에 없다. 왜냐하면 오성은 불합리한 듯한 방식으로 존재하는 절대 이념의 여러 측면들을 따로 떼어내어 분리시키기 때문이다.

또한 유한한 사물들은 유한한 사고와 마찬가지로 모순을 내포한다. 마치 사유가 모순을 극복하려는 충동을 가지고 다른 사상으로 옮겨가듯이, 유한한 사물들 또한 스스로 운동하고 변화하려는 충동을 가진다. 그러나 유한한 사물들은 모순을 계속 지탱할 수 없기에 결국 소멸하고 만다. 반면 전체로서의 세계는 그것이 포괄하는 실체들의 모순적인 유한성에서 해방되어 있기 때문에 소멸하지 않는다. 따라서 모순의 법칙이 '사유의 법칙'이라는 등식은 모순은 오직 사유될 수 있을 뿐이라는 의미에서도, 이 현실 세계에서는 모순이 일어날 수 없다는 의미에서도 올바르게 파악될 수 없다. 헤겔은 오직 객관적이든 주관적이든 모순은 극복되어야 한다는 점에서, 모순의 법칙을 받아들인다.

10. 변증법Dialektik

어원상으로 '대화의 기술'을 의미하는 '변증법'은 플라톤에게서는 올바른 철학 방법을 가리킨다. 플라톤의 초기 대화편들에 나타나는 소크라테스의 변증법은 파괴적인 모습을 띠고 있다. 즉 대화 상대자에게 그가 사용해온 어떤 개념의 정의에 대해 계속 질문함으로써 모순적인 지점들을 끌어내는 것이다. 그러나 소크라테스보다는 플라톤 자신의 이야기라 할 수 있는 후기 대화편들에서는 변증법이 형상이나 이데아에 대한 지식을 산출하기 위해 마련된 긍정적인 방법으로 제시된다. 헤겔에게서 변증법은 사유자들 간의 대화 또는 사유자와 대상 사이의 대화를 가리키는 것을 넘어서 의식의 형식이나 개념 같은 사유 내용의 자율적인 자기 비판과 자기 전개로 간주된다.

칸트는 변증법을 '가상의 논리학'으로 정의하면서 그 가치를 폄하한다. 이것은 특히 우리의 경험을 초월한 진리를 개념이나 형식적인 원리에서 도출해내려는 가상을 가리킨다. 헤겔이 칸트의 변증법에서 크게 영향을 받은 측면은 경험을 초월한 물음에 대해 양립할 수 없는 두 가지 대답이 가능하다는 이율배반Antinomie을 끌어낸 점이다. 피히테의 '정립These—반정립Antithese—종합Synthese'이라는 세 단계 또한 헤겔에게 영향을 주기는 했으나, 흔히 알고 있는 것과 달리 헤겔은 이러한 도식을 자신의 변증법을 설명하는 데에 사용한 적이 없다.

넓은 의미에서 헤겔의 변증법은 세 국면을 포함한다. 첫째, 오성의 단계: 개념이나 범주들을 고정된 것, 명확하게 정의된 것, 서로 구별되는 것으로 여긴다. 둘째, 변증법적, 부정적 이성의 단계: 위와 같은 범주들을 반성하는 가운데 모순들이 등장한다. 셋째, 사변적, 긍정적 이성: 변증법의 결과로 더 고차적인 새로운 범주가 나타나는데, 이것은 이전의 범주들을 포함하며 거기에 들어 있는 모순들을 해결한다.[73] 이러한 방법은 단지 《논리학》뿐만 아니라, 헤겔의 전 체계에 관철되어 있다. 《법철학 강요》는 유사한 방식으로 가족에서 시작하여 시민 사회로, 다음에는 국가로 진행한다. 그러나 변증법은 단지 개념만이 아니라 실제 사물의 운동 과정을 가리키는 것이기도 하다. 예를 들면 산과 염기는 처음에는 서로 분리되어 있고 구별되어 있지만 서로 합쳐져 용해되면 각각의 개별적인 속성을 상실하고 결국은 중화되어 새로운 속성을 지니게 된다. 또 교육이나 교양은 한 인간을 자연적인 상태에서 떼어놓지만 나중에 더 높은 지평에서 자연적인 상태로 회귀하여 그것과 화해하게 만든다.

변증법은 무엇보다 개념이나 범주에 내재해야 한다. 이것은 근본적으로 개념이나 범주가 내포하고 있는 결함들을 전개하고 그리하여 다른 개념이나 범주로 이행하게 한다. 헤겔은 종종 이러한 운동 과정을 수행하는 주체가 사유하는 사람이라기보다는 개념 자체인 것처럼 설명한다. 다소 신비롭게 보이기까지 하는 이 설명은 일단은 사유의 주체가 모순을 드러내고 그 해소책을 제안하면서 개념의 본성을 좇아감을 의미하는 것일 수 있겠으나, 좀 더 중요한 함의는 사유나 개념의 전개와 사물의 전개는 서로 대응하며, 나아가 양자 모두에 변증법이 내재하고 있다는 사실이다. 이런 의미에서 변증법은 사유자가 자신이 다루는 내용에 적용하는 절차라는 의미에서의 방법이 아니라, 내용 자체에 내재된 고유한 구조이자 전개인 것이다.

요컨대 헤겔의 변증법이 목표로 하는 것은 세계 속의, 그리고 우리 사유에서의 모든 운동과 변화를 설명하는 것이며, 우리의 사유뿐만 아니라 사물들도 서로 체계적으로 결부되어야 하는 이유를 해명하는 것이다.

주

1 (옮긴이주) 헤겔에게서 '사태'는 어떤 사물이나 사건이 현상할 때 지니는 일시적인 형태와는 구별되는 것으로, '문제가 되는 어떤 것', '실제 중요한 것' 등을 의미한다. 특히 《논리학》에서 '사태 자체'가 강조되는 것은, 헤겔이 자신의 인식 방법을 사태를 인식하는 다른 외적인 방법들과 구별하기 위함이다. 그는 참된 인식이란 사태 자체로 뛰어들어 거기에서 출발해 그 내재적인 전개 과정을 따라가는 것이기 때문에 주관의 어떤 외적인 반성도 가해져서는 안 된다고 생각한다.

2 (옮긴이주) 본래 체계적인 지식 일반을 가리키는 '학' 또는 '학문'은 헤겔에게서 종종 철학을 의미한다. 개별적인 특수한 지식 모두를 포괄하는 전체로서의 체계가 바로 철학 그 자체인데, 이는 철학이 갖가지 정보를 모아 담고 있어서가 아니라, 앎의 원리와 개념들의 전개 과정을 보여준다는 의미에서 그러하다. 따라서 본래적인 의미에서의 학문은 오직 참되고 현실적인 앎으로서의 철학이어야 하는 것이다.

3 (옮긴이주) 흔히 독일어 Geschichte와 함께 역사를 뜻하는 것으로 알려진 Historie는 어원상 '경험'과 유사한 의미다. 헤겔은 특히 신

학에서 종종 나타나는 태도로, 진리를 개념적으로 탐구하지 않고 대신 종교적 신념이나 제도에 대한 경험적인 박식함에만 치중하는 경향을 'Historismus'라 칭하며 매우 경멸한다. 따라서 여기에서 '역사적인'은 '경험 사실적인'이라는 뜻으로 이해될 수 있다.

4 (옮긴이주) 특히 칸트의 핵심 개념 중 하나인 물자체는 인식 주체와 무관하게 그 자체로 실재함을 의미한다. 그래서 우리는 단지 현상들만 알 수 있을 뿐, 물자체는 인식할 수 없다. 현상들의 근거로 놓여 있는 물자체를 도저히 알 수 없는 것으로 설정함으로써 주체의 인식 능력을 제한하는 칸트의 견해는 이후 헤겔은 물론이거니와 피히테Johann Gottlieb Fichte, 야코비Friedrich Heinrich Jacobi, 셸링 등에게서도 거부되었다.

5 (옮긴이주) 사상은 대개 사유 활동의 산물 또는 그 내용을 가리킨다. 그러나 헤겔은 사상을 종종 사유 형식이나 사유 규정과 같은 것으로 다루는데, 왜냐하면 사유의 내용과 형식이 동일하기 때문이다. 중요한 것은 사상이나 사유는 결코 주체의 활동이나 소유물이 아니며, 대상으로서의 객체에 속해 있는 것도 아니라는 사실이다. 이러한 대립과 구별이 완전히 지양될 때 사상은 개념의 단계에 이르게 된다.

6 (옮긴이주) 아낙사고라스(약 BC. 500~428년경)는 우주와 자연의 모든 질서의 원리를 기계적인 인과 관계로만 해명하려는 태도를 비판하면서, 사고하는 힘이자 의지의 힘인 누스(정신)야말로 만물의 근원이라고 주장했다. 무한하며 독자적인 힘인 누스를 통해 세계는 통일적인 의미와 목적을 지닌 전체로 이해될 수 있다고 본 것이다.

7 (저자주) 최근 간행된 이 학문의 최신 개정판인 프리스Jakob Friedrich Fries의 《**논리학의 체계***System der Logik*》(하이델베르크, 1811)는 인간학적 토대로 되돌아간다. 이 책의 기초에 놓여 있는 표상이나

생각은 어느 모로 보나 피상적이며 그 상론들 역시 그러하기에, 이 무의미한 새 책을 고려하느라 애쓸 필요는 전혀 없을 것이다.

8 (옮긴이주) 우리말로는 'Gehalt'와 'Inhalt' 두 가지 모두 '내용'으로 번역되지만, 'Gehalt'는 'Inhalt'보다 더 통일적인 내용을 가리킨다. 또 전자는 후자보다 대상이 지닌 함의를 좀 더 강하게 시사하며 형식과도 더욱 긴밀하게 얽혀 있다. 따라서 헤겔은 형식과 대비되는 의미에서라면 주로 'Inhalt'를 사용한다.

9 (저자주) 다른 구체적인 대상들과 각각의 철학 부문들에서의 예들은 나중에 다루겠다.

10 (옮긴이주) 흔히 판단은 'A는 B다'와 같이 주어와 술어로 이루어진 것을 가리키지만, 헤겔은 이것을 어원에 따라서 '근원적인Ur 나눔teilen'이라는 의미로 사용하기도 한다. 즉 판단은 개념의 단순한 조합이 아니라 개념을 근원적으로 나누고 규정함으로써 오히려 개념의 통일성을 분명하게 드러내야 하는 것이다.

11 (옮긴이주) 헤겔은 전체를 이루는 부분들이 서로를 필연적으로 함축하고 있으며 따라서 분리될 수 없음을 강조할 때 '요소'라는 용어를 사용한다. 요소는 전체를 형성해갈 때 동기를 부여하는 결정적인 요인이자 본질적인 지반으로서 한 국면을 이룬다.

12 (저자주) 다음의 사실을 기억해야 한다. 그의 철학의 좀 더 자세한 특징과 세부적인 상론이 여타의 경우나 이 책에서 어떻게 간주되든, 본문에서 칸트 철학을 고려하는 일이 자주 있는데(이는 많은 사람들에게 지나치게 보일 수도 있을 것이다) 그것은 근대 독일 철학의 토대이자 출발점을 이루며, 칸트의 이런 공로는 설사 그에게 비난받을 만한 점이 있다 해도 축소될 수 없기 때문이다. 또한 칸트 철학은 논리〔학〕적인 것의 중요하고도 **매우 규정적인** 측면에 한층 더 가까이 관여하고 있는 만큼, 객관논리학에서 자주 고려될 수밖에

없다. 이에 반해 이후의 철학 저술들은 논리학에 거의 주의를 기울이지 않았으며, 일부는 종종 노골적인 경멸을 표시할 뿐이었다. 보복당하지 않은 것은 아니지만. 우리에게 가장 널리 퍼져 있는 철학함이란, 이성은 결코 참된 내용을 인식할 수 없으며 절대적 진리에 관해서는 믿음에 맡길 수밖에 없다는 칸트적인 결과에서 벗어나지 **못한다**. 그러나 이러한 철학함은 칸트가 결과로 얻은 것에서 직접 출발하며 따라서 그 결과의 출처이자 철학적 인식이기도 한 선행하는 상론은 사전에 차단되고 만다. 이렇게 칸트의 철학은, 이미 모든 것은 입증되었고 마무리되었다며 안심하는 게으른 사유가 기댈 수 있는 안락한 쿠션으로 쓰인다. 따라서 인식을 위해서, 또 저렇게 아무런 결실도 낳지 못하는 불모의 상태로 안심하고 있어서는 결코 발견할 수 없는 사유의 어떤 특정한 내용을 위해서 앞서 말한 선행하는 상론으로 돌아가야 한다.

13 (저자주) 자아의 **객관화하는** 행위라는 표현이 **상상력**의 산물과 같은 정신의 또 다른 산물들을 상기시킬 수 있다면, 다음에 주의해야 한다. 즉 우리가 한 대상을 규정함에 대해 논할 때에는 대상의 내용 계기들이 **감정이나 직관**에 속해 **있지** 않는 한에서라는 점에 주의해야 한다. 이런 한에서의 대상이 **사상**이다. 그리고 사상을 규정함이란 때로는 그것을 우선 산출함을 뜻하며 때로는 그 사상이 전제된 것인 한 그것에 대한 더 심화된 사상들을 가짐을, 즉 사유에 의해 그것을 계속 전개함을 말한다.

14 (옮긴이주) '숙고'는 말 그대로 하면 '나중에 하는nach 사유denken'를 뜻하는 것으로, 지각이나 감각을 통해 이미 접했던 어떤 것에 '대해 사유'함으로써 사상을 낳는 것을 의미한다.

15 (편집자주) 《논리학》, 2권 3장, "현실성"(《20권의 전집》, 6권, 186 이하를 참조하라).

16 (저자주) 톰슨Thomas Thomson이 발행한 잡지 또한 다음과 같은 표제를 달고 있다. 《철학 연보 또는 화학, 광물학, 기계학, 박물학, 농업 기술의 잡지*Annals of Philosophy or, Magazine of chemistry, Mineralogy, Mechanics, Natural History, Agriculture, and the Arts*》〔(편집자주) 전16권, 런던, 1813~1820〕——이 표제를 보면 여기에서 **철학적**이라고 불린 소재들이 어떤 성질의 것인지 분명하게 알 수 있다——최근 나는 한 영국 신문에 나온 신간 서적 광고에서 다음과 같은 것을 발견했다. **철학적 원칙에 따른 모발 보존 기술**, 8 포스트 종이에 산뜻한 인쇄, 가격 7실링——모발 보존의 **철학적** 원칙이란 아마도 화학적, 생리학적 원칙 등을 말할 것이다.

17 (저자주) 영국 정치인들은 국가경제학의 일반 원칙들에 관해 **철학적** 원칙이라는 표현을 자주 쓰는데, 공식적인 연설에서도 그렇다. 1825년 (2월 2일) 의회에서 **브루엄**Brougham은 국왕의 발언에 다음과 같이 답했다. "정치인의 품위에 어울리며 철학적인 자유 무역 원칙——이것은 의심의 여지없이 철학적입니다——이 승인된 것에 대해 국왕 폐하께서는 오늘 국회에 축사를 보내주셨습니다." 그러나 이런 말을 한 사람은 그 야당 의원만이 아니다. (같은 달) 선박소유자 협회가 수상인 리버풀 백작을 상석에 앉히고 캐닝 차관과 총 재정관 장교 찰스 롱 경을 배석하고 개최한 연례 연회에서, 캐닝 차관은 자신의 건강을 기원하는 축배에 대해 다음과 같이 답사했다. "최근 각료들이 **심오한** 철학의 올바른 준칙들을 우리 나라 국가 행정에 자유자재로 적용할 수 있는 시대가 시작되었습니다."——다른 곳에서는 철학이라는 명칭이 단지 별명이나 조롱거리 또는 무엇인가 악의적인 것으로 사용될 때, 그래도 영국 각료들은 철학에 경의를 표하는 것을 보니 어쨌든 다행이다. 비록 그들이 생각하는 철학은 독일에서 말하는 것과 다르지만 말이다.

18 (옮긴이주) 스토아 철학자인 히에로클레스Hierocles of Alexandria의 순진한 행동을 풍자한 말인 듯하다(《20권의 전집》 19권, 《철학사 강의 II》 499쪽 참조).

19 (편집자주) 라인홀트Karl Leonhard Reinhold, 《19세기 초 철학의 상황을 간략하게 개관하는 논문*Beiträge zur leichtern Übersicht des Zustandes der Philosophie beim Anfange des 19. Jahrhunderts*》(Hamburg, 1801).

20 (옮긴이주) 이 책 97~98쪽을 참조하라.

21 (옮긴이주) 플라톤이 말하는 '이성 혐오'는 무분별하게 받아들인 생각들이 오류였음이 나중에 드러나는 일이 되풀이되면서 생겨난 것이다. 이런 일이 발생하게 된 것은 인간의 비판 능력이 부족해서가 아니라 이성 일반에 문제가 있기 때문이라고 생각한, 사람들이 이성 또는 이성적인 학문 일반을 거부하게 되었음을 플라톤은 지적한다.

22 (옮긴이주) 엘레아 학파에는 크세노파네스Xenophanes(BC. 570~475), 파르메니데스Parmenides(BC. 540~470), 제논Zēnōn of Elea(BC. 460년경) 등이 속한다. 이 중 대표자라 할 만한 파르메니데스는 진리에 이르는 길을 특징짓는 세 가지 명제를 제시했다. ① 사람들은 항상 오직 존재자만이 있다고 생각하고 말해야 한다. 반면 무는 없는 것이다. ② 사고와 존재는 동일하다. ③ 서로 연관되어 있는 존재가 있다. 이런 존재는 하나요 모든 것이다. 이는 명백히 헤라클레이토스의 '생성'과 반대되는 것으로, '존재'란 움직이지 않는 것이며 언제나 자기 동일성을 유지하는 것이라는 전제를 따르고 있다. 또한 파르메니데스는 우리의 사고가 대상을 반영하는 한에서 존재와 동일하며, 나아가 전 우주는 통일되어 있기에 존재 전체가 하나의 동일한 보편자임을 주장한다. 그에 따르면 이 보편자의 진리를 파악할 수 있는 길은 감각적 경험이 아닌 추상적 사고를 통해

서만 가능하다.

23 (옮긴이주) 헤라클레이토스(BC. 544~484)는 소크라테스 이전의 철학자들이 대부분 모든 사물을 존재하게 하는 근본 질료나 근원적인 힘에 대해 논하면서 존재자를 탐구했던 것에 반대해, 생성 자체를 고찰 대상으로 삼았다. 그는 생성 곧 운동이 모든 것이며, 이제까지 존재자라고 여겨온 것들은 사실 생성이자 운동이라고 주장한다. 그에 따르면 만물은 흐르며, 아무것도 똑같은 존재로 머물러 있지 않는데, 이렇게 변화한다는 사실 자체가 바로 세계의 참된 본질이라는 것이다. 그가 불로 상징하는 영원한 운동, 즉 생성은 항상 대립하는 것들 사이에서 일어난다. 따라서 그는 대립이야말로 오히려 조화와 질서를 가능하게 하는 생산적인 힘이며 이 대립에서 통일로 나아가는 모든 운동을 조종하는 초월적인 법칙이 '로고스logos'라고 생각했다.

24 G. W. F. Hegel, *Wissenschaft der Logik* I(이하 W. L. I로 표시한다), *Werke in 20Bd.*, Bd. 5(Suhrkamp Verlag: Frankfurt a. M., 1986), 17쪽을 참조하라.

25 *W.L.* I., 16쪽을 참조하라.

26 이 책 22쪽을 참조하라.

27 이 책 22쪽을 참조하라.

28 이 책 23쪽을 참조하라.

29 G. W. F. Hegel, *Enzyklopädie der philosophischen Wissenschaften in Grundrisse* I(이하 *Enzy.*로 표기한다), *Werke in 20Bd.*, Bd. 8 (Suhrkamp Verlag: Frankfurt a. M., 1986), §28을 참조하라.

30 *Enzy.*, §32 보론을 참조하라.

31 *Enzy.*, §28 보론을 참조하라.

32 이 책 26~27쪽을 참조하라.

33 이 책 30쪽을 참조하라.

34 이 책 30쪽을 참조하라.

35 이 책 31쪽을 참조하라.

36 G. W. F. Hegel, *Phälomenologie des Geistes*(이하 *PhG.*로 표기한다), *Werke in 20Bd.*, Bd. 3(Suhrkamp Verlag: Frankfurt a. M., 1986), 589쪽을 참조하라.

37 *PhG.*, 39쪽을 참조하라.

38 *W.L.* I., 68쪽을 참조하라.

39 *W.L.* I., 69쪽을 참조하라.

40 이 책 87~88쪽을 참조하라.

41 이 책 32쪽을 참조하라.

42 이 책 32쪽을 참조하라.

43 *W.L.* I., 26~27쪽을 참조하라.

44 이 책 33쪽을 참조하라.

45 이 책 33쪽을 참조하라.

46 이 책 33쪽을 참조하라.

47 이 책 33쪽을 참조하라.

48 G. W. F. Hegel, *Grundlinien der Philosophie des Rechts, Werke in 20Bd.*, Bd. 5(Suhrkamp Verlag: Frankfurt a. M., 1986), 24쪽을 참조하라.

49 이 책 68~71쪽을 참조하라.

50 이 책 35쪽을 참조하라.

51 이 책 39쪽을 참조하라.

52 이 책 40쪽을 참조하라.

53 *PhG.*, 54쪽을 참조하라.

54 *Enzy.*, §237을 참조하라.

55 이 책 40쪽을 참조하라.

56 이 책 41쪽을 참조하라.

57 *W.L.* I., 33~34쪽을 참조하라.

58 이 책 41쪽을 참조하라.

59 이 책 43쪽을 참조하라.

60 *Enzy.*, §81 보론 1을 참조하라.

61 이 책 44쪽을 참조하라.

62 *W. L.* I., 16~17쪽을 참조하라.

63 *Enzy.*, §79를 참조하라.

64 이 책 48쪽을 참조하라.

65 이 책 49쪽을 참조하라.

66 케인즈Howard P. Kainz는 *G. W. F. Hegel, The Philosophical System* (Ohio Univ. Press, 1996)에서 헤겔이 철학의 모든 분야를 포괄하는 자기 충족적인 종합적 체계로서의 철학을 어떻게 전개하고 있는가를 보여준다. 특히 이 책의 7장 '오늘날 헤겔에게서 살아 있는 것은 무엇이고 죽어 있는 것은 무엇인가?'에서는 최근 다양한 사상적 흐름들과 관련하여 헤겔에 대한 관심이 점점 증가하고 있다고 보고 헤겔 철학의 현재적 의미를 밝히고 있다.

67 *W.L.* II., 24~34쪽; *Enzy.*, 112~113쪽을 참조하라.

68 이 책 83쪽을 참조하라.

69 이 책 85~86쪽을 참조하라.

70 이 책 84쪽을 참조하라.

71 *PhG.*, 24쪽을 참조하라.

72 헤겔은 1790~1800년에 쓴 《초기의 신학적 저술들》〔(*Frühe Schriften, Werke in Bd.20*, Bd. I(Suhrkamp Verlag: Frankfurt a. M., 1986))〕에서 이미 근원적인 통일과 자유의 상실로 인해 인간과 자연, 이념

과 현실, 사유와 존재의 분열이 명백해진 근대적 상황에 대해 논하고 있다. 우선 그는 화해의 가능성을 종교에서 찾지만 점차 철학의 필요성을 절감했다. 즉 모순을 현실의 보편적 형식으로 보고 가장 궁극적인 인식 원리에 의해서만 이 모순이 파악되고 해소될 수 있다고 생각한 것이다.

73 *Enzy.*, §79～82를 참조하라.

더 읽어야 할 자료들

헤겔 철학을 처음 접하는 독자들이 비교적 쉽고 폭넓게 이해하는 데 도움을 줄 입문서들과, 이 책의 주제와 관련하여 헤겔의 변증법과 체계를 더 심도있게 공부하려는 독자를 위한 연구서들을 나누어 소개한다.

1. 헤겔 철학의 전반적인 이해를 위한 입문서

리하르트 크로너 지음, 《헤겔》, 유헌식 옮김(청아, 1990)

크로너의 《칸트에서 헤겔까지*Von Kant bis Hegel*》(1921) 중 헤겔 철학 부분만을 완역한 것이다. 크로너는 독일관념론의 사상사적 흐름 속에서 헤겔의 위상을 밝힘으로써 그의 사변적인 체계에 대한 부정적인 인상을 불식시켰다. 이 책은 헤겔 체계를 독자적으로 분석하기보다는 칸트, 피히테, 셸링 등 그 이전의 철학들이 헤겔의 사변철학 속에 어떻게 흡수되어 발전적으로 변형되는가를 보여준다는 데 큰 의미가 있다.

발터 A. 카우프만, 《헤겔: 그의 시대와 사상》, 김태경 옮김(한길사, 1985)

헤겔의 사상을 연대기적으로 서술하고 있다. 그러나 평면적인 해석을 넘어 그 체계 전반을 재조명하고 있으며, 또한 그 발전 과정을 당대의 사상과 문화적 배경에 접맥시킴으로써 좀 더 풍부하게 이해하도록 돕는다. 무엇보다도 이 책은 문헌학적으로 세밀하게 검토하고 광범위한 자료를 섭렵함으로써 헤겔에 대한 통념이 지닌 오류를 지적하고 있으며, 비독일어권 독자들을 위한 입문서로 평이하게 서술되었다는 장점을 지닌다.

오토 푀겔러 엮음, 《헤겔 철학 서설》, 황태연 옮김(중원문화, 1980)

헤겔의 주요 저작들을 연대기순으로 간략하게 해설함으로써 그의 사상의 변모 과정 전반을 보여준다. 그러나 광범위한 내용을 너무 집약적으로 서술하고 있어 초보자들에게는 그다지 친절하지 못한 측면이 있다.

임홍빈, 《근대적 이성과 헤겔 철학》(고려대학교출판부, 1996)

각각의 주제를 담은 11편의 논문 모음집이다. 저자는 단순한 문헌학적 주석 작업을 넘어 현대 철학의 여러 쟁점들과의 연관 하에 헤겔의 전 체계를 지배하는 사변적 변증법의 원리를 규명하고자 한다. 이 책의 제1부는 헤겔의 형이상학과 철학적 방법인 변증법을 집중적으로 서술하고 있으며, 제2부는 사변철학의 전통과 긴밀하게 연관되어 있는 여러 근·현대 철학자들의 작업을 검토함으로써 철학의 보편적인 물음에 헤겔이 기여하는 바를 밝히고 있다.

헤르베르트 마르쿠제 지음, 《이성과 혁명》, 김현일·윤길순 옮김(중원문화, 1984)

영미권 문화의 강한 영향력으로 인해 헤겔을 비롯한 독일관념론 전통에 생소하고 다소 적대적이기까지 한 현대 독자들에게 좀 더 쉽고 명쾌하게 헤겔을 소개하고 있다. 저자는 원전을 학술적으로 분석하기보다는 현대의 역사적 특수성 속에서 새로운 시각으로 헤겔 철학의 함의를 재조명하려 했다. 따라서 그는 전체주의의 이론적 토대로 헤겔을 해석하는 일부 반헤겔주의자들에 맞서 그의 변증법을 비판적이고 이성적인 세계 이해를 위한 척도로, 특히 마르크시즘과의 관련 하에 제시하는 데 주력했다.

Charles Tayler, *Hegel*(Cambridge Univ. Press, 1975)
저자는 헤겔을 옹호하려는 많은 시도가 그의 사상을 자의적으로 바꾸고 삭제함으로써 왜곡하거나 원전에 충실한다고 하면서 너무 난해한 주석들로 점철시켜 결국 실패했다고 주장하며, 헤겔의 용어나 개념에 얽매이지 않으면서도 헤겔의 의도를 효과적으로 전달하려고 한다. 이를 위해 저자는 헤겔 당대의 시대 정신과 관련하여 헤겔의 중심 개념들을 이해하고 그가 자신의 철학을 어떻게 확증하는가를 주요 저작들을 상세하게 고찰함으로써 드러낸다.

Herbert Schnädelbach, *Hegel zur Einführung*(Hamburg: Junius Verlag GmbH, 1999)
저자는 흔히 개별적인 철학으로 따로 분리시켜 이해되고 있는 수많은 사상이 실은 서로 간의 긴밀한 '대화'를 통해 형성된 것임을 강조하면서 누구보다 이러한 사유 방식을 철저하게 실천한 사람이 헤겔이라고 주장한다. 따라서 이 책은 헤겔이 근본 계기로 삼고 있는 전통적인 사유의 흐름이 어떻게 그의 사변적인 체계로 이어지며, 변증법과는 어떤 관계에 있는가를 비교적 평이한 문체로 서술하고 있다.

2. 헤겔의 변증법과 체계에 관한 연구서

롤프 페터 호르스트만 엮음, 《헤겔 변증법 연구》, 김창호·장춘익 옮김(풀빛, 1983)

저명한 헤겔 연구자들이 헤겔의 변증법과 관련된 논쟁적인 여러 측면들을 다양한 방식으로 해명한 깊이 있는 논문 모음집이다. 서설에서 변증법을 둘러싼 쟁점과 이제까지의 연구 성과, 한계를 제시하고, 제1부에서는 헤겔의 《논리학》을 중심으로 변증법을 포괄적으로 다루고 있으며, 제2부는 시원, 부정, 모순 등 변증법의 핵심 개념들을 해명하고, 제3부에서는 헤겔 변증법의 실질적인 토대를 논하고 있다.

미하엘 볼프 지음, 《모순이란 무엇인가: 칸트와 헤겔의 변증법 연구》, 김종기 옮김(동녘, 1997)

이 책은 헤겔 철학과 변증법을 이해하기 위해 필수적인 모순 개념을 본격적으로 다루고 있다. 저자는 헤겔의 모순과 부정성 개념을 칸트 사상의 내재적인 비판의 결과물로 파악하고 논리학, 존재론, 과학사, 사회학 등과의 연관 하에 광범위하게 고찰하고 있다. 이를 통해 모순의 객관성을 부인하고 세계에 대한 총체적 인식을 포기해버리는 다양한 종류의 이원론적 사고에 대한 대응책으로서 모순 개념이 지니고 있는 함의가 드러난다.

하워드 P. 케인즈, 《헤겔 철학의 현대성—역설, 변증법 그리고 체계》, 이명준 옮김(문학과지성사, 1998)

저자는 논리학과 분석철학, 나아가 최신의 과학 이론까지 연결시켜 헤겔의 변증법과 철학 체계를 새롭게 조명하고 있다. 저자는 헤겔이 대립과 모순을 내포하고 있는 각각의 영역을 하나의 체계로 이끌어가는 과정에서 발전적 종합의 원리로 발견했던 것은 바로 '역설'이었으며, 이에 의해 전개되는 운동 과정이 곧 변증법임을 밝히면서 인간 사유와 세계의 발전이 무한히 열려 있다는 데까지 나아간다.

Lourencino Bruno Puntel, *Darstellung, Methode und Struktur. Untersuchungen zur Einheit der systematischen Philosophie G. W. F. Hegels*(Bonn: Bouvier, 1981)

저자는 이제까지 헤겔 체계를 주로 어떤 한 측면을 집중적으로 분석하여 이해해온 시도들의 위험성을 지적하면서, 전체적인 맥락의 조명을 우선적인 작업으로 여긴다. 따라서 이 책은 헤겔의 주요 저작들에 입각하여 체계의 통일성을 규명하면서 특히 헤겔의 문제 의식의 맥락상 민감한 지점들에 대해서 세밀하게 분석하고 있다. 나아가 저자는 논리학과 실재 철학들과의 관계에 주목하여 체계의 기초를 이루는 근본 구조를 해명한다.

Paul Owen Johnson, *The Critique of Thought, A re-examination of Hegel's Science of Logik*(Aldershot: Avebury, 1988)

저자는 기존의 연구자들이 주로 헤겔의《논리학》을 사유 범주의 선험적인 연역으로 간주하고 범주들 사이의 이행의 정당성 여부에만 매달렸던 것에 반대하여 헤겔의 비판 정신을 읽어내는 데 집중한다. 즉《논리학》은 앎의 영역 전체에서의 실질적인 쟁점들과 관련된 비판으로 전개되는 개념의 운동으로 이해되어야 한다는 것이다. 따라서 이 책은 플라톤에서 아인슈타인에 이르기까지 여러 철학자나 과학자들을 헤겔과 비교, 대조함으로써《논리학》이 그의 당대와 현대에 함의하는 바를 조명하고자 했다.

김소영

그는 1971년 서울에서 태어났다. 고등학교 때에는 비교적 수학과 물리를 잘한다는 이유로 이과에 진학해 맥가이버 같은 인간적인(?) 과학자가 되겠다는 야무진 포부도 가져보았으나, 점점 과학의 오만함에 기가 질렸고 본인의 적성에도 회의가 들었다. 결국 인간과 세계에 가장 가까이 다가가 있는 학문을 하고 싶다는 생각에 진로를 전환하여 서울대학교 국어교육과에 입학했다.

그러나 대학 생활은 대부분 학과 공부가 아닌 연극 동아리 활동으로 채워졌다. 한편으로는 잊고 지냈던 예술에 대한 꿈을 키워나갔고, 다른 한편으로는 세상 모든 삶은 나름의 절실함과 가치를 지니고 있음을, 보이지 않는 곳에서 쉼 없이 움직이는 많은 이들의 소중함을, 무엇보다 선한 이들이 힘을 갖지 못함은 얼마나 큰 불행인가를 배웠다.

마지막까지 인간의 몫으로 남을, 또 현대의 많은 난제들을 푸는 실마리가 되어줄 길을 미학에서 찾을 수 있으리라는 막연한 기대를 갖고 대학원에 진학했으며, 그 길의 모색은 헤겔 철학에 대한 엄밀한 조명에서부터 시작해야 한다고 생각하게 되었다. 이렇게 방향을 잡는 데에는 이창환 선생님의 영향이 컸다.

석사 학위논문으로는 〈자기의식의 변증법에서 본 헤겔의 예술철학〉을 썼으며, 현재는 박사 과정을 수료한 후 상명대학교, 수원대학교 등지에서 미학, 문화이론 등을 강의하고 있다.

논리학 서론·철학백과 서론

초판 1쇄 발행 2002년 3월 10일
개정 1판 1쇄 발행 2020년 7월 31일
개정 1판 2쇄 발행 2024년 4월 12일

지은이 G. W. F. 헤겔
옮긴이 김소영

펴낸이 김준성
펴낸곳 책세상
등록 1975년 5월 21일 제2017-000226호
주소 서울시 마포구 동교로23길 27, 3층 (03992)
전화 02-704-1251
팩스 02-719-1258
이메일 editor@chaeksesang.com
광고·제휴 문의 creator@chaeksesang.com
홈페이지 chaeksesang.com
페이스북 /chaeksesang **트위터** @chaeksesang
인스타그램 @chaeksesang **네이버포스트** bkworldpub

ISBN 979-11-5931-521-3 04080
979-11-5931-400-1 (세트)